U0690521

少儿教育简论

——托起明天的太阳

昭亭　晓雷　编著

中国石油大学出版社

CHINA UNIVERSITY OF PETROLEUM PRESS

山东·青岛

图书在版编目（CIP）数据

少儿教育简论：托起明天的太阳／昭亭，晓雷编著．

青岛：中国石油大学出版社，2025. 6. -- ISBN 978-7
-5636-5307-2

Ⅰ. G610

中国国家版本馆 CIP 数据核字第 2025KS8282 号

书　　名：少儿教育简论——托起明天的太阳
　　　　　SHAO'ER JIAOYU JIANLUN——TUOQI MINGTIAN DE TAIYANG

编　　著：昭亭　晓雷

责任编辑：隋　芳（电话　0532-86983568）
责任校对：张晓帆（电话　0532-86983567）
封面设计：赵志勇

出　版　者：中国石油大学出版社
　　　　　　（地址：山东省青岛市黄岛区长江西路 66 号　邮编：266580）
网　　址：http://cbs.upc.edu.cn
电子邮箱：shiyoujiaoyu@126.com
排　版　者：青岛友一广告传媒有限公司
印　刷　者：泰安市成辉印刷有限公司
发　行　者：中国石油大学出版社（电话　0532-86983437）
开　　本：889 mm × 1 194 mm　1/32
印　　张：5.125
字　　数：111 千字
版 印 次：2025 年 6 月第 1 版　2025 年 6 月第 1 次印刷
书　　号：ISBN 978-7-5636-5307-2
定　　价：35.00 元

前　言

　　如果向家长、老师提问：您爱自己的孩子、学生吗？一定会听到毫不迟疑且异口同声的回答：爱！可是，如果在上一个问题的"爱"字之前加一个"会"字继续提问，那么所听到的回答就未必是毫不迟疑且异口同声的了。爱孩子，动物都知道，人岂能不知；可是要做到"会"爱，也就是教育，就不是一件轻而易举的事了。想要对自己的想法有更清楚的了解，可以根据下面的 10 个题目做一下自测：

　　1. 孩子一生中最关键的时期，您认为是十一二岁之前的儿童时期，还是这之后的青少年时期？

　　2. 您教育孩子时，放在第一位的是使他成为一个人格健全的人，还是尽量多学一些知识？

　　3. 在吃穿住行等生活问题上，您是把孩子看成和大家平等的一个成员，还是当作"小皇帝"一样首先满足他的要求？

　　4. 对于孩子的一些应该而且能够自己做的事情，您是尽量让他自己动手做，还是怕他做不好尽量代替他来做？

　　5. 对于孩子喜欢什么、厌恶什么，爱做什么、不爱做什么，心里想得最多的是什么，您是否清楚？

6. 当孩子有了缺点或错误时，您是运用多种方法对他进行循循善诱的教育，还是一味地指责和训斥？

7. 您和家人在教育孩子的时候，是"步调一致"还是常常当着孩子的面争执？

8. 您觉得自家孩子比其他孩子好很多，还是有些地方不如其他孩子？

9. 您在孩子面前是既做家长又做朋友，还是只做家长不做朋友？

10. 孩子令您不满意的地方，您认为是与生俱来的还是与您有着千丝万缕的联系？

做完上面这些测试题目，我们可能会意识到，真正优秀的家长、老师，不但要有一颗爱孩子的心，更要了解孩子身心发展的特点，树立正确的教育理念，掌握科学的教育方式方法，懂得如何去爱孩子。本书写作的目的，就是让家长和老师多了解一些教育孩子的常识，从而为孩子的成长之路提供更好的引导与支持，帮助孩子充分挖掘自身潜力，逐步成长为优秀的人才。

本书由两位作者共同撰写完成。其中，初稿主要由昭亭撰写，晓雷在初稿的基础上进行了修改和完善，不仅补充了部分内容，还对初稿的结构和语言进行了优化，保证了内容的科学性和准确性，增强了可读性。由于水平有限，本书疏漏之处在所难免，恳请各位读者批评指正。

目 录

第一章

假如明天没有"太阳"

　　"托起明天的太阳"这句话形象地表达了人们对下一代的重视和期望，具体出自谁口不得而知，但把孩子比作"明天的太阳"富有哲理，寓意深刻，是一个很好的比喻。太阳，是生命的源泉，成长的根本，希望的所在；没有太阳，一片漆黑，万物皆灭。孩子，是国家的未来，家庭的未来；孩子素质不高，国家、家庭就没有光明的未来。可是，是不是所有的孩子都能成为"太阳"呢？

第一节　　　　　　　　　　　玛雅帝国的消亡
　　　　　　　　　　　　　　——后代与国家

　　说到孩子是"明天的太阳"，想到了玛雅帝国的消亡。在墨西哥东南部的尤卡坦半岛等地，古代曾有一个繁荣的玛雅文明。约在公元前1500年，玛雅人就已进入定居的农业时代，主要种植玉米等作物。公元前后，逐步形成城邦。约公元 300 至 900 年是玛雅文明发展的鼎盛时期，先后出现了象形文字铭刻记载的大小 100 多个城邦，还有许多没有文字记载的城邦。这些城邦人口众多，组织完善，建筑宏伟，文化丰富。宗教在玛雅文化中占有十分重要的位置，举行盛大祭祀活动的庙宇建在作为祭坛的金字塔上，蔚为壮观。有人这样描述："假如今天，我们能够在玛雅古典时代的天空中展翅飞翔，那么将会看到那茂密的雨林丛，仿佛一匹巨大的绿缎，翻滚着涌向天际；而在这片象征着生命的浓绿色背景上，有着数以百计的玛雅城邦——美丽而整洁的城市群；假如我们再飞近那绿缎的中心，那儿——危地马拉佩藤地区的热带丛林中，则镶嵌着一颗最大最华美的明珠——蒂卡尔城邦。"① 蒂卡尔是玛雅的一个较大城邦，它的中心广场上树立着几十块被学者称为"石碑仪仗"的纪念碑，它们排列整齐，记载着当时的自然现象、政治事件和重大的宗教仪式。最早的一块刻于公元 292 年，最晚的一块刻于公元 869 年。让人惊叹的是，那时已有精确的历法，分地球年、金星年、神历年三种。地球年的一年分 18 个月，每月 20 天，年终再加 5 天为禁忌日，合为 365 天之数。他们测算的是每年 365.242 天，现代人测算的是 365.242 2 天，一年的误差只有 0.000 2 天，也就是说 5 000 年的误差也只有 1 天。金星年，一年是 584 天，和现代的测量结果相比，50 年内的误差只有 7 秒。神历年也

---

① 玛雅王"美洲虎之爪"创造的蒂卡尔城邦，你不敢想象它曾经有多辉煌 [EB/OL]．（2019-03-04）[2024-11-10]．http://k.sina.com.cn/article_6632762859_18b57edeb00100i2vn.html.

称为卓尔金年，每年 13 个月，每月 20 天。这种纪年法不是以地球上所观察到的天体运行情况为根据能够测算出来的，敏感的人们甚至怀疑他们的祖先来自另一个星球。由此可见，玛雅人的文明已经发展到了什么水平。

然而，在公元 835 年，玛雅帕伦克的金字塔神庙停止了施工；公元 889 年，蒂卡尔正在建设的寺庙群工程中断；公元 909 年，玛雅人最后一个城邦也停止修建工程过半的石柱……玛雅数以百计的城邦突然纷纷被遗弃，那些繁华的都市几乎在同一时期一一湮灭。辉煌的古典期文明匆匆降下帷幕，波澜壮阔的历史剧戛然而止。那些创造了无数奇迹的玛雅人抛弃了舒适的家园，离开了熟悉的街道、广场、庙宇和宫殿，其中的一部分人迁徙到尤卡坦北方的荒野，其余人则散入丛林，不知所终。那些废弃的城市逐渐倾颓，草木爬上石阶和窗台，树苗在砖缝里发芽长大，藤条把石块撑裂……

是什么摧毁了玛雅文明？根据已发现的资料和科学家的研究分析，除了天灾和外敌的入侵，主要原因有四：

第一，行为的愚昧。玛雅文明虽然是城市文明，却建立在以种植玉米为主的农业的根基之上。自古以来，农民采用的是一种极原始的"米尔帕"耕作法，就是先把树木统统砍倒，干燥一段时间后，在雨季到来之前放火焚毁，以草木灰做肥料，覆盖在贫瘠的雨林土壤上。烧一次草木种一茬庄稼，然后休耕 1～3 年，有的地方长达 6 年，待草木长成再烧再种。随着文明的繁盛、人口的增加，农业的压力越来越大，人们便更多地毁林开荒，同时缩短休耕时间。这样一来，土壤肥力逐年下降，玉米产量逐年减少。作为邦民主体的农民越来越食不果腹，同时面临着生态环境恶化、生活资源枯竭的严重问题，社会状况一落千丈。

第二，对神权的迷信。随着农业的日趋崩溃，玛雅王族和祭司将种种"衰败之象"归结为神对人的不满。于是建造更多的神庙，更频繁、更隆重地向神祈祷，期盼借助神力扭转乾坤。玛雅人有口用来祭神的圣井，每逢旱灾便在祭司的带领下前往圣井，祈求井底诸神息怒；他们献上丰盛的祭品，甚至包括少女，酷似中国古代的"河伯娶亲"。1877年，美国探险家爱德华·H. 汤普森对这口圣井进行了打捞，与玉石、金饰、花瓶、翡翠碗和黑曜石等一同露面的，是一具具少女的骸骨。敬神的结果是更多地耗费了人力和已经十分贫乏的资源，直至使他们陷入不可挽回的地步。

第三，严格的等级划分。玛雅文明中高深的知识和文化只掌握在极少数贵族和祭司手中，占玛雅人口绝大多数的下层劳动者完全是文盲，他们没有知识，不懂科学，墨守成规，不思创新。而那些养尊处优的贵族知识分子在繁华落尽后难以生存下去，在消亡的同时也带走了曾经辉煌无比的玛雅文明。

第四，王族的内战。2005年夏季，危地马拉的一场飓风帮助人们进一步揭开了古代玛雅文明衰亡的历史。危地马拉的多斯皮拉斯有一座古代金字塔，飓风刮倒了那里的一棵大树，露出18级隐藏许久的台阶，刻在台阶上的几百个象形文字填补了玛雅历史上一段长达60年的空白。多斯皮拉斯建立于公元 629 年，本是蒂卡尔城邦的一个军事前哨，蒂卡尔王派自己的弟弟统治那里。后来北方的卡拉克穆尔城邦征服了多斯皮拉斯，多斯皮拉斯王变节投靠于卡拉克穆尔。不仅如此，他还对自己的哥哥蒂卡尔王发动了一场长达 10 年的战争并获得了胜利。他率领军队洗劫了蒂卡尔，并将哥哥杀死祭神。此后，多斯皮拉斯王以卡拉克穆尔为靠山，四处征战，成为一方霸主。然而不久，蒂卡尔军队卷土重来，整个玛雅世界陷入不断的小规模激烈征战之中，从而加速了玛雅文明的消亡。

综上所述，不论行为的愚昧、对神权的迷信，还是严格的等级划分、王族的内战，归根结底，都是人的问题。古罗马的盖乌斯·普林尼·塞孔都斯（老普林尼）说，给人类带来灾祸最多的就是人。是啊，给人幸福的是人，给人灾难的是人，将人毁灭的还是人。玛雅人如果破除对神权的迷信，消除兄弟间的战争，研究农业科学，懂得怎样耕种，或许灾难就不会发生。像玛雅帝国这样消亡的帝国，古今中外还有很多，如罗马帝国、拜占庭帝国及我国古代秦帝国等。这些帝国的消亡不论有多少原因，其主要原因都在自身，在于后代的能力和素质出了问题。没有高素质的后代，就没有国家的前途，没有国家的明天。国家要想有灿烂的明天，就必须培养出高素质的后代。

第二节

一个望族的败落
——子孙与家族

先讲一个望族由兴到衰的故事。

20世纪初，广东梅县的松口有一批富甲一方、国内闻名的华侨富商，温氏家族就是其中的一个。19世纪末至20世纪初，温氏家族在印度尼西亚雅加达非常出名，其由兴盛到衰落经历了约60年。

温甜公是松口的一个老实农民，生有7个子女，温阿东排行第二，温阿赞排行第七。甜公和妻子靠为村中的有钱人家做零活谋生，日出而作，日落而归，过得十分辛苦。儿女长大后，女的嫁了人，男的便出门做工。

阿东聪明英俊，14岁时被村中的一位姓饶的华侨带到雅加达店里做"伙头"（厨师）。他做事勤快，煮的饭菜可口，深得饶老板赞赏。18岁时，饶老板让他从店中拿些货出去摆地摊学做生意，利润作为工钱。这样，阿东便踏上了经商之路。他每天挑着货担到人多热闹的地方摆地摊，还到大街小巷和乡下去叫卖。由于聪明且勤奋，他很快摸熟了做生意的门路，经商的第一年就托回乡水客带给家中父母一些钱。父母非常高兴，又托出洋的水客把咸菜干、豆角干、蕨菜干等家乡土特产带给他。阿东把这些土产品摆到地摊上卖，物以稀为贵，标价再高也没有人讨价还价，很快就卖光了。他的生意一年比一年好，由摆地摊发展到租了铺子，并派专人回家乡采购土特产运回来销售。

阿赞 16 岁那年，也就是 1857 年，也去了雅加达，和哥哥阿东一起经营粮、油和土特产。兄弟两个一条心，生意越做越红火。从 1880 年起，他们的商行成为雅加达数一数二的大商行，经济实力几乎可控制雅加达的粮、油市场。兄弟俩成为当地有名的富商，政府要员、社会名流经常出入他们的公馆。1890 年，阿东将商行交给阿赞管理，自己携带巨款回家乡松口置办家业。

阿赞年老后，回松口和哥哥阿东一块安享晚年。1910 年阿东去世，享年 84 岁；1921 年阿赞去世，享年 80 岁。他们给子孙留下了巨额财富。

温氏兄弟可谓子孙满堂，阿东有三儿二女，阿赞有六儿三女。因为家庭富有，子孙们个个养尊处优，不思进取，爱慕虚荣，挥金如土。创业人去世后仅仅 10 年，百万家财便被子孙们吃光花光。阿东的长子温裕是个极爱虚荣的人。民国初年军阀混战，广东军阀陈炯明筹备军饷，除了向老百姓征税，还向富人募捐。掌管松口家产的温裕托人告诉陈炯明，捐资劳军可以，但要和陈司令一起照相。陈炯明欣然答应，温裕遂出 500 块银洋劳军（当时 1 块银洋可买 250 斤大米）。后来温裕拿着这张照片到处炫耀，以此为荣。阿东的三子温春和阿赞的二子温钦都是游手好闲的纨绔子弟，他们经常邀约臭味相投的富家子弟大吃大喝，吸食鸦片，过着糜烂的生活。

阿赞的长孙温福受过新学教育，1921年阿赞去世时他临危受命，前往印度尼西亚掌管商行。但是他从来没有做过买卖，面对庞大的生意不知所措，于是听信亲朋的话，将总店和分店的生意交给他人掌管，自己天天吃喝玩乐，挥金如土。他经常出入娱乐场所，为博得美人的欢心，常常与几个好友一起包下一场大戏。商行中的管家、帮手都十分精明，他们见温福不懂生意，暗中高兴，没几年就把商行的钱财"骗"为己有，个个都发了大财。从1925年起商行生意开始走下坡路，1933年宣告破产。温福自觉无颜再见家乡父老，出家做了和尚，后来客死他乡。就这样，到了20世纪40年代，整个温氏家族彻底败落。回溯其家族史，从发迹到败落绵延约60年，其中兴盛期达40余年。相较之下，当今商界有的企业存续期更为短暂。

美国一所学院的研究结果显示，大概有70%的家族企业还没有发展到下一代就已经失败，有88%没有传到第三代继承人的手上，最后只有仅仅3%的家族企业能在第四代及之后运营发展下去。有关资料显示，我国家族企业的发展寿命平均只有约24年，而这24年正好与企业创始人的平均工作时间接近，很多家族企业就只停留在了第一代人手上而没有传承给下一代。[①] 这许许多多、数不胜数的事例一而再、再而三地印证着我们老祖宗的两句话：一句是"富不过三代"，另一句是"创业难，守业更难"。为什么"富不过三代"？

---

① 段彦辉. 我国家族企业的发展现状探析[J]. 江苏商论,2020(12):99-102.

为什么"守业更难"？辩证唯物主义认为，决定事物发展变化的是内因而不是外因，外因通过内因而起作用。富豪家族的败落不管有多少原因，主要的都是内因，很多是因为后代能力缺失，承担不起家族发展的重任。其表现主要有：

一是"懒"。由于家财万贯，生活无虞，集万千宠爱于一身，不少富家子弟懒惰成性，上学懒得学，做事懒得做，苦活累活就更不沾手。不要说夙兴夜寐治理家业，就是对自己的衣食住行，他们也像《红楼梦》里的宝哥哥那样懒得动手。这样的人继承祖业，败落是正常，不败落才是怪事。

二是"愚"。由于懒，于是愚，除了吃喝玩乐，什么都不会。经商无法理解市场规律和行业趋势，既不懂营销策略，也无法准确把握消费者的需求；办厂既不懂管理，也不懂技术；务农不懂农时、不辨菽麦，对农业生产一无所知。家业落在他们手里，焉能不败？

三是"骄"。他们因自觉出身高贵、父母风光，便目中无人，有着强烈的优越感，于是趾高气扬，横行霸道。看过《水浒传》的人都知道高衙内，这种人，"靠山"在时是个人物，"靠山"一旦谢世，就会像土坯垒起的高塔遇上暴雨，轰然倒塌。

四是"奢"。古人说"饱暖思淫欲"，摩根银行认为"金钱王国"垮掉的主要原因之一是挥霍无度。若热·贵诺1916年出生，他的父亲从法国移民到巴西，白手起家，靠着勤奋使贵诺家族成为巴西最富裕的家族之一。若热从小就生活在奢华的环境中，但由于长年挥霍，完全不顾及家族产业的经营，晚年沦落为依靠每月 500 美元的贫困救济金艰难度日。在我国，类似"石崇与王恺争豪"的故事千百年来屡屡上演。讲排场，摆阔气，花天酒地，挥霍无度，一掷千金，财富像流水般滔滔逝去，又岂有不败之理。

第三节

张木匠的晚年
——儿女与家庭

　　教育不好子女，不要说"子承父业"，就是父母自己，有的也难以安享晚年。大家都知道有个《墙头记》的故事，它曾经广为流传，近年讲得少了，我们不妨再来重温一下。

　　《墙头记》是根据蒲松龄的俚曲改编的。善良的张木匠辛勤劳动，每天想的是如何发家致富，但不幸妻子早亡，剩下他一个人拉扯两个儿子长大。他对孩子十分溺爱，重活不让他们干，好东西省给他们吃。长子叫大乖，成人后学做生意，赚了一些钱财，但自私、贪婪，很会算计，不想赡养父亲；娶了个媳妇李氏刁泼狠毒，对张木匠更是冷酷无情。次子叫二乖，粗通些文墨，其妻赵氏从娘家带来了一份丰厚的家产，吃喝不尽，日子过得比较惬意，但他虚伪狡猾，赵氏也刻薄吝啬，都不愿奉养父亲，常常恨恨地诅咒："老爹今年八十五，何不死在圣贤年。"

　　尽管两个儿子都不孝，但张木匠已八十有五，无法不依靠他们。他与大乖、二乖订下协议，以半月为期，二乖上半月，大乖下半月，轮流奉养。可是，月份有大小。大月 30 天，每家 15 天；逢到小月，大乖就成了 14 天。二乖为此常常同大乖发生争执。这天大乖"照章"把老爹送到二乖家门口，二乖夫妇觉得小月又让大乖占了便宜，便装聋作哑，任凭大乖在门外叫骂，就是不开门。二乖不开门，大乖又不肯把老爹再领回家，就逼着老爹骑在二乖家的院墙上，对老爹说："你要掉就往墙里掉，掉到墙外可没人管饭。"说完后拔腿走了。

王银匠是张木匠的好友，为人机智、诙谐，富有正义感。这天他正好从二乖家门口路过，见张木匠趴在墙上已经饿昏，就把他扶了下来。王银匠十分同情张木匠，他心生一计，想利用大乖、二乖爱财如命的性子，让他们既奉养老爹，也得到些教训。他从怀里掏出一个饼子递给张木匠，让他找个地方边吃边休息，等着儿子们来找他。安顿好张木匠以后，他分别到大乖和二乖家，以要账为名叙说当年张木匠怎样在他的炉子上化了许多银子，暗藏起来防老。大乖、二乖听后又惊又喜，都觉得谁先把老爹弄到手，谁就能得到那些银子。于是，一场争爹的"战争"开始了。最后，还是由张木匠出面调停，定下仍照以前的"章程"办事，以半月为期轮流养老。

打这以后，大乖、二乖争着对老爹献殷勤，希望他把藏银子的地方告诉自己。张木匠有了吃，有了穿，有了儿子、媳妇侍候，表面上生活是好多了。但他一辈子没说过瞎话，没欺骗过别人，本来没有银子，却让儿子们误认为有银子。有了这块心病，他吃不顺，睡不安，成天没个笑脸，不到两年便患病死去了。

王银匠得知老友病故，前去吊唁。大乖、二乖争着向他表白怎样为老爹的后事费尽心思。王银匠听了后很放心，哀悼了一番便准备回去。大乖、二乖拦住了他，求他说出老爹藏银子的地方。王银匠决心再戏弄他们一次，就让他们去刨墙根。他们想起老爹临终前说"看见那堵墙，想起王银匠"，觉得银子一定埋在墙下，于是来不及擦掉眼角挤出的泪，也忘了给老爹发丧，抱起镐头跑到墙根处就开始刨。哪里想到，刨着刨着，"轰隆"一声墙倒了，双双被砸在墙下。

讲起儿女的不孝，人们义愤填膺，也实在应该义愤填膺。但是，能仅仅抱怨儿女们不孝吗？这究竟是谁的责任？大乖、二乖的不孝归根结底是张木匠的娇惯造成的。张木匠家是这样，别人家呢？"娇儿无孝子"，这道理老祖宗早就发现了，只是有些人只挂在嘴上，不运用于实践。

第四节

八旗子弟的命运
——素质与个人

八旗子弟原专指旗人的子弟，后来几乎成为"纨绔子弟"的代称，指那些靠着祖宗封荫、不劳而获的人们。八旗制度始于明末。努尔哈赤初建四旗，以色彩相区别，称黄旗、白旗、红旗、蓝旗；后又增编四旗，在原有四旗上镶嵌边角，称镶黄旗、镶白旗、镶红旗、镶蓝旗，与前面四旗合称八旗。它是一个集军事、政治、生产三位于一体的组织。

八旗子弟入关前后"出则为兵，入则为民，耕战二事，未尝偏废"，特别是入关时真是"金戈铁马，气吞万里如虎"。但战争结束以后，随着经济的发展、官场的腐败，八旗子弟中兴起一股奢靡之风。他们不愁吃、不愁住、不愁穿，衣来伸手，饭来张口，精力便全用在了"玩"上，成了一群专业的"玩主"。对生存技能虽一窍不通，但吹拉弹唱、提笼遛鸟、赌马斗鸡、嫖娼纳妾等"技艺"却"熟能生巧"。老舍先生在《四世同堂》中曾对他们做过栩栩如生的刻画："旗人的生活好像除了吃汉人所供给的米，与花汉人供献的银子而外，整天整年的都消磨在生活艺术中。上自王侯，下至旗兵，他们都会唱二簧，单弦，大鼓，与时调。他们会养鱼，养鸟，养狗，种花，和斗蟋蟀。他们之中，甚至也有的写一笔顶好的字，或画点山水，或作些诗词——至不济还会诌几套相当幽默的悦耳的鼓儿词。他们的消遣变成了生活的艺术。他们没有力气保卫疆土和稳定政权，可是他们会使鸡鸟鱼虫都与文化发生了最密切的关系。他们听到了革命的枪声便全把头藏在被窝里，可是他们的生活艺术是值得写出多少部有价值与趣味的书来的。就是从我们现在还能在北平看到的一些小玩艺儿中，像鸽铃，风筝，鼻烟壶儿，蟋蟀罐子，鸟儿笼子，兔儿爷，我们若是细心的去看，就还能看出一点点旗人怎样在最细小的地方花费了最多的心血。"[①] "那个文化产生了静穆雍容的天安门，也产生了在天安门前面对着敌人而不敢流

---

① 老舍. 四世同堂：上 [M]. 北京：人民文学出版社，1998：225-226.

血的青年！"^①老舍感叹："这是个极伟大的亡国的文化。"^②
雍正当年曾为此震怒，声言要予以整治，但是八旗腐败已成
一时之尚、流行之疾，其锋如吹毛断发，其势如洪水猛兽，
皇帝要回天也无力了。

但是，历史不受人的指挥。到鸦片战争爆发，随着不断
的割地赔款，白银外流，清王朝已经无力供养自己的八旗子
弟了。因此，这些子弟们便普遍地贫困了，他们从肉体到精
神都在艰难地残喘着。有的变卖家产，维持生计；有的沿街
乞讨，要饭为生；有的成为罪犯，靠绑架勒索钱财；有的一
筹莫展，饿死在荒郊……除了这最后的归宿，他们会干什么
呢？能干什么呢？

重温这段历史，我们可以看到，一个人如果只靠血缘关
系躺在祖宗的福荫下享受特权，而不是凭真才实学艰苦奋斗，
终究是要垮掉的。这种事并不为八旗子弟所独有。明初，朱
元璋分封诸王子为各地藩王，这些藩王的嫡长子、长孙世袭。
有人统计，到了明末，繁衍出来的人口已很庞大，他们大都
成了醉生梦死、昏聩无能的庸碌之辈。明朝的覆亡与此不无
关系。

在现代社会，很多富裕家庭的父母教育孩子奋发图强，
不让他们躺在先辈的"基因"上生活，但也有一些父母自以
为高人一等，处处让子女享受非常待遇，孩子做了错事，不

---

① 老舍. 四世同堂：上[M]. 北京：人民文学出版社，1998：262-263.

② 同① 260.

是严厉批评，而是百般包庇，恣意纵容，企图通过"后门"把大事化小，小事化了。

"子不教，父之过"，时隔多年，那句"我爸是李刚"余音久久未散。当年高喊"我爸是李刚"的李某铭，爸爸是当地公安局的副局长，妈妈是某知名企业高管。但是父母自他很小的时候就一直在外忙碌奔波，很少陪伴他，心中觉得愧对于他，所以一直极力满足他的物质生活。缺乏父母的管束，再加上家里有财有权，他逐渐养成了嚣张跋扈的性格，每次闯祸，他都毫无畏惧，因为有爸妈在后面兜底。2010 年 10 月某晚，他醉酒后在河北大学校园内超速驾驶，将两名女生撞出数米远，其中一名经抢救无效死亡，另一名重伤。撞人后他不但没有表现出丝毫歉意，而且态度冷漠嚣张，高喊："你知道我爸是谁吗？我爸是李刚！有本事你们告去！"最后他因酒驾肇事被判 6 年有期徒刑，锒铛入狱。

说一千道一万，家庭教育对孩子成长起着决定性作用，如果一味地放纵溺爱，不计后果地包容，最终只会自食恶果，害人害己。其实，不仅要教育孩子不可变成"八旗子弟"，对于某些大人来说，首先应警惕自己不要变成"八旗子弟"。一些干部从单位的中流砥柱走向贪污腐败，在历史上、现实中并不罕见。2022 年 10 月 17 日，党的二十大新闻中心举办的第二场记者招待会上透露出这样一组数据：党的十八大以来，全国纪检监察机关立案 464.8 万余件，其中，立案审查调查中管干部 553 人，处分厅局级干部 2.5 万多人、县处级干部 18.2 万多人。[①] 这样的人怎么能教育出好的子女？写到这里，我不禁想起 1 000 多年前的杜牧，他在《阿房宫赋》中写下了两句反复应验的话："后人哀之而不鉴之，亦使后人而复哀后人也。"

孩子是明天的太阳，是希望之所在。玛雅文明的消亡、温氏家族的败落、张木匠们的晚年、八旗子弟的命运都清清楚楚地告诉我们：国家没有好的后代，就没有明天的稳定和振兴；家庭没有好的子孙，就没有明天的安康和兴旺；父母没有好的儿女，就没有明天的顺心和幸福；孩子自身没有好的素质，就没有明天的顺利和成功。但是，后代由前代所生、前代所养、前代所教，只指责玛雅文明、温氏家族和张木匠们的后代，不追究谁使他们变成了这种样子，问题并不能得到解决。

明天的希望在后代，后代的希望在哪里？在教育。

一个不重视教育的民族是没有希望的民族，一个不重视教育的家庭是没有希望的家庭。为了国家的富强、家庭的兴旺、个人的幸福、孩子的成才，我们必须尽早觉醒和奋起，扎扎实实地、一步一个脚印地改进和加强未成年人的教育。为此，引用苏联著名教育家苏霍姆林斯基在《家长教育学》中的一句话作为本章的结尾：

没有时间教育儿子——就意味着没有时间做人。[②]

---

① 东方时评｜从数据中感悟全面从严治党[EB/OL].（2022-10-19）[2024-11-10]. https://www.sohu.com/a/593787792_120823584.

② 苏霍姆林斯基. 家长教育学[M]. 杜志英,等译. 北京:中国妇女出版社,1982:138.

第二章

托起"太阳"的最佳时机
——认识我们的孩子

　　"托起明天的太阳"中除"太阳"的寓意外，还有一个"托起"的寓意。宇宙中的太阳无须任何外力的顶托都会冉冉升起，光芒四射，将大地照耀，给万物以生机。孩子这个"太阳"就不同了，如果没有家长、老师乃至整个社会这些外力的顶托，往好里说，会成为一盏油灯，勉强维持光亮；往差的方面说，会成为自身不能发光的月亮，先辈健在时显得明亮，先辈过世后也就没有了光亮。

　　要使孩子成为"明天的太阳"，首先必须了解孩子，认识孩子，不失时机地去"托"；否则，时间过了，人长大了，时过境迁，便有可能悔不当初，无可奈何。那么，怎样才算了解自己的孩子呢？如果问孩子的父母，他们可能会说自己的孩子有白嫩的小脸、大大的眼睛，长得多么可爱；可能会说自己的孩子爱吃什么，爱穿什么，爱玩什么；还可能会说自己的孩子多么聪明，多么调皮；等等。那么，知道了这些是否就是了解了自己的孩子呢？未必。为了弄清这个问题，我们不妨来看两个故事。

先看个关于"狼孩"的故事。1920年，印度传教士辛格在印度加尔各答的丛林中发现了两个被狼哺育的女孩。大的七八岁，小的约2岁。辛格给她们起了名字，大的叫卡玛拉（Kamala），小的叫阿玛拉（Amala），并详细记录了他和妻子一起抚养和教育她们的经过。刚开始时，她们用四肢行走，慢走时膝盖和手掌着地，快跑时则手掌、脚掌先后着地，像狼奔跑时一样。她们喜欢单独活动，白天躲藏起来，夜间偷偷行动。午夜，她们会像狼一样引颈长嗥。她们怕火和光，也怕水，不让人们替她们洗澡；不吃素食，只吃肉，吃的时候不用手拿，而是放在地上吃。她们没有感情，只知道饥时觅食，饱时休息，很长时间内不主动与其他人发生联系。经过一段时间，她们学会了主动索要食物和水，就像家犬一样。第二年，阿玛拉不幸死去了，人们看到卡玛拉伤心地流出了眼泪。七八岁的卡玛拉刚被发现的时候只懂得一般6个月婴儿所懂得的事，花了很大气力都不能适应人类的生活方式。2年后她开始学会直立，6年后才能艰难地用两脚站立行走，但快跑的时候仍是四肢并用。直到去世她也没能真正学会讲话：4年只学会了6个单词，只能听懂几句简单的话；7年才学会45个单词，勉强能够说出几句话。在最后的3年中，她终于学会了在晚上睡觉。但是很不幸，就在她开始朝着人的生活习性迈进时，她死去了。据估计，卡玛拉死的时候十六七岁，但智力只相当于三四岁的孩子。

再讲个关于"猴孩"的故事。据报道，20世纪70年代，非洲曾发现一个在猴群中生活过的男孩。被发现时，他大约4岁，全身赤裸，身体大部分覆盖着毛发，用四肢行走，能敏捷地跳跃，也能爬树。据推测，他可能是在森林中与家人走散或是家人全部遭难后幸存下来的。猴子们把他当作自己的孩子来抚养，并保护他免受其他动物的伤害。被发现后经过一段时间的训练，他学会了两脚行走，性情也变得温和不少。起初他只吃香蕉，后来才慢慢地习惯吃人所吃的各种食物。

以上讲的是"兽孩"的故事，下面再讲两个"人孩"的故事。

山东阳谷县某镇上有一户人家，父亲只上过两年私塾，母亲没有念过书，他们有三个儿子、一个女儿。长子上初中时成绩优秀，但因家中贫穷，考了中专，20世纪80年代通过自学考试考上了山东大学；次子毕业于北京大学；三子毕业于曲阜师范大学；女儿是中专毕业。现在，孙子孙女们也都是学业有成，日子过得非常红火。但是，这位父亲的两个哥哥家就很难和他相比了。大哥家无一人读到高中毕业，二哥家只有一人是中专毕业，两家的生活均较为拮据。同样的父母，后代的差别如此之大，其原因很值得探究。有人问这位父亲有什么经验，他说："我没什么经验，孩子小的时候抓得紧一点就是了。"

还有个幼儿园中双胞胎的故事。这对双胞胎兄弟长得很像，但性格差异很大。弟弟是个话匣子，同时也是个淘气包，幼儿园里没有他没去过的角落；哥哥的性格却恰好相反，总是喜欢一个人独处，不太乐意参加集体活动。幼儿园老师说，兄弟俩中的哥哥是跟着奶奶长大的，奶奶比较沉默，几乎不出门；弟弟则由外婆带大，外婆是一个爱说爱笑的老人。抚养环境的不同让兄弟俩的性格形成了明显的差异。

故事讲完了，有"兽孩"的、"人孩"的，有往昔的、现在的，时间不一、情节各异，但都说明了同一个问题：人的情感、知识、才能并非与生俱来，意识也不能脱离人的群体环境而存在，离开人类的社会环境，将犹如"狼孩"一样，无法产生自我意识，同时丧失语言能力。上述故事还说明：少儿时期是一个人身心发展的关键期，这一时期人的生理、心理和思维都迅速发展，对人一生的发展方向有着至关重要的影响。

所以，作为家长和老师，在教育孩子时要遵循孩子的身心发展特点，抓住孩子发展的"关键期"，这样才能"轻松"培养出好孩子。

第一节   **生理发育的迅猛期**

据研究，人的一生中，生理器官的发育在少儿时期是最为迅猛的。仅就大脑而言，新生婴儿的大脑平均重约 390 克，9 个月以后发育到 560 克，2.5～3 岁增至 900～1 011 克，7 岁就发育到 1 280 克。成年人的大脑有多重呢？平均约 1 400 克。这就是说，7 岁时人大脑的发育基本完成。

又如，在身高和体重方面，0～3 岁的儿童处于人生第一个快速生长的高峰时期。正常新生儿的平均体重为 3 300～3 500 克，身长 46～52 厘米；4 个半月时体重可增加一倍；10 个月的男婴和 11～12 个月的女婴体重可增加两倍；满周岁的婴儿体重增加约 7 千克，身高增加约 25 厘米。总的来说，儿童在 0～3 岁会持续稳定地生长，一般而言，身高每年增加 6 厘米左右，体重每年增加约 2 千克。3～6 岁儿童与 3 岁以前相比，发育速度放缓了一些，但是比后期发展还是要快得多。在这个阶段，儿童的身高每年增长 4～7 厘米，体重每年增加 4 千克左右。这个阶段儿童的骨骼硬度较小，但是弹性非常大，容易变形，可塑性强。[①]

树在生长快速的幼年容易变形，折成弯的就是弯的，拉成斜的就是斜的，不遭坎坷就是直的。树是这样，人也是这样。

人出生时，生理器官的技能基本相同，腿不会走路，嘴不会说话，手不会使用工具，脑袋不会思考。但是随着慢慢长大，其技能在不同的环境下朝着不同的方向迅速发展。生长在人的环境里，渐渐地，腿会走路，嘴会说话，手会使用工具，脑袋会思考。而生长在动物的环境里就不同了："狼孩"阿玛拉一直到死去的时候都不会说话，更不会思考；卡玛拉虽活到十六七岁，被训练了约 10 年，但只会说几十个单词，智力仅仅相当于三四岁的孩子；"猴孩"在猴群中长大，也只学会了两脚行走，不会说话。

---

① 　虞永平．王春燕．学前教育学[M]．北京：高等教育出版社，2022：129-130．

古人说："橘生淮南则为橘，生于淮北则为枳。"有人说这话不确切，因为橘和枳本来就是两个品种；但可以肯定的是，同一个品种的橘，长在不同的地方酸甜度是不一样的。这也从植物的角度证明，外界环境对它们的影响是多么巨大。

第二节　　行为模仿的超常期

"狼孩"被发现时，小的约 2 岁，大的七八岁，她们学会了用牙齿撕扯生肉、四肢着地奔跑、夜间出没、引颈长嚎；"猴孩"被发现时仅仅 4 岁，就已经能像猴子一样敏捷跳跃，也能攀缘。但若是成年人，即使和狼、猴相处的时间再长，大概也难以达到这种程度。

少儿时期的模仿能力非常突出。3 岁前孩子已经会模仿，但因能力所限，模仿现象较少。3～4 岁的孩子由于动作和认识能力提高，模仿多了很多，但模仿的主要是一些表面现象。他们看见别的小朋友在做什么，自己也总是要去做；看见别人有什么，自己也总是想要。比如，看见别人在玩球就想玩球，看见别人戴帽子也要戴帽子。这个年龄的孩子在游戏中喜欢和别人担任同样的角色，比如玩开汽车，大家都当司机，一辆车上有好几个司机，没有乘客他们也不在乎。再大一些后，孩子的模仿就开始逐渐内化。

模仿是少儿的主要学习方式，通过模仿可以学习别人的经验。少儿常常不自觉地模仿父母和老师，如模仿说话的声调、姿势、常用词语等。如果父母看见饭菜里有胡萝卜时皱起眉头，孩子们也会不想吃胡萝卜。幼儿园小班的孩子对老师的行为很少质疑，如果老师表扬了某个孩子，其他孩子会立即投以羡慕的眼光；如果老师称赞某个孩子坐得直，其他孩子也都会立即直起腰来。小班孩子一般还没有出现嫉妒心理，或对被表扬者加以挑剔。在这个年龄，良好的行为习惯常常是通过模仿学习并巩固下来的。同时，成人所没有觉察到的一些行为小节，也可能被孩子模仿而变成其习惯。

人脑虽比动物的更发达、更高级，但也是物质世界的产物，本身不会自动产生意识，也不会自动产生知识和技能。那么，人的意识、知识和技能从哪里来呢？从外部世界来，来自对外部世界的学习、模仿，来自在外部世界中的实践。上述几个事例都告诉我们，少儿时期是一个超常时期，这个时期他们的榜样是什么，他们就如饥似渴地学习什么、模仿什么。学习模仿的榜样不同，定格在他们身上的基本素质就不同。有人说孩子像一张白纸，这话不错。他们生活在红的地方会被染成红色，生活在白的地方被染成白色，生活在黑的地方当然也就被染成黑色。

第三节　　　　　　　　　信息记忆的超速期

　　"狼孩"阿玛拉仅仅 2 岁就习得了狼的行为，可以说，少儿时期是信息记忆超乎寻常、令人惊异的一个时期。

　　我曾与小孙子进行过一次记忆"比赛"。那时他 7 岁，上小学二年级。我们找了一篇写春雨的短文，200 多字，比赛看谁先背诵下来。结果是我们所用的时间基本相同。可是论对短文的理解，孩子肯定不如大人，也就是说，我的背诵主要靠理解，而孩子的背诵基本全靠记忆，孩子记得更快。第二天，我又拿出那篇短文和孩子比赛，这次的结果是孩子背得较熟，而我有几个地方忘记了，孩子记得更牢固。

　　近年来，我有这样一种认识：在人的一生中，对外界信息的吸纳、记忆，5 岁以前是最佳时期，6～12 岁是次佳时期，13～25 岁是次次佳时期，25 岁以后记忆力下滑的速度加快，而过了 50 岁，则常常前一天经历的事情第二天就印象全无。请想想吧，孩子 1 岁会说话，2～3 岁基本能简单对话，4 岁以后一般就能与他人交流信息和想法了。在这两三年中，孩子要识别多少事物，记忆多少词汇，理解多少知识，掌握多少道理？而且所学到的这些，很多终生不忘。在人的一生中，论记忆的快速和牢固，还有哪个时期能同这个时期相比？

因此，可以说，在七八岁以前，每一个孩子都是"神童"。然而遗憾的是，成人包括孩子的父母，大都没有发现在孩子身上所表现出来的不同的"神性"。请问各位父母，如果发现面前蹦蹦跳跳的孩子原来是一个了不起的"神童"，会有什么感觉？会怎样对他进行教育？

第四节 性格品质的易塑期

性格品质发展的稳定性与变化主要受环境的影响。"兽孩"和"人孩"的事例都告诉我们，人在少儿时期，不仅行为技能容易塑造，性格品质也容易塑造。生长在狼窝里，塑造成狼的品性；生长在猴群里，塑造成猴的品性；同样，生长在不同的家庭里，便也塑造出不同家庭的品性。对此，每个人都能很容易地从自己身边找到例证。这就应验了一句谚语："跟着好人学好人，跟着师婆学假神。"

为了进一步说明这个问题，我再谈一个家庭生活中的小小细节。一次，我到二儿子家中，因需要使用钳子便询问儿媳工具的存放位置。她告诉我，在写字台右下方的抽屉里，二儿子一直都把钳子放在那儿，谁要是用完没归位，他准会犯急。几天后我到大儿子家，发现他存放铁钳、螺丝刀等工具的地方与弟弟一样。我突然意识到，孩子们规整工具的习惯竟与我如出一辙。看，父母身上的一些东西，就是这么一丝不苟地、牢不可破地刻印在了孩子的身上，有可能还会延续到下一代。父母在塑造孩子性格品质的过程中扮演着无可替代的关键角色。你说，不提高自身的素质，不洁身自好，能行吗？

少儿心理发展的特点还有很多，如稚嫩脆弱、缺乏远见、急于满足、富于幻想、难以忍受挫折等。但是，不管怎样，生理发育的迅猛、行为模仿的超常、信息记忆的超速、性格品质的易塑这四点是基本特点或说本质特点。至于喜欢吃什么、穿什么、玩什么，那是其个性，无法与这四个基本特点相提并论。明白了这点，我们可以得出结论：人的少儿时期是其一生的关键时期，这一时期如果错过了，以后将很难弥补，甚至再也无法弥补。

我国著名儿童教育家陈鹤琴尖锐地指出，幼稚期（自出生至7岁）是人生最重要的一个时期，什么习惯、言语、技能、思想、态度、情绪，都要在此时期打下一个基础，若基础打得不稳固，那健全的人格就不容易形成了。[①]

法国启蒙思想家卢梭告诫我们，人生当中最危险的一段时间是从出生到12岁，在这段时间中还不采取摧毁种种错误和恶习的手段的话，它们就会发芽滋长，及至以后采取手段去改的时候，它们已经扎下了深根，以致永远也拔不掉了。[②]

苏联教育家和作家马卡连科不容置疑地告诫我们，教

---

① 陈鹤琴. 家庭教育[M]. 武汉：长江文艺出版社，2013：自序.
② 卢梭. 爱弥儿[M]. 李平沤，译. 北京：人民教育出版社，1985：93-94.

育的基础主要是在 5 岁以前奠定的，它占整个教育过程的 90%。在这以后，教育还要继续进行，人进一步成长、开花、结果，而人们精心培育的花朵在 5 岁以前就已绽蕾。[①]

打铁趁热，赶路趁早，吃桃趁鲜，教子趁小。现代人很讲机遇，塑造人生的最佳机遇是少儿时期。这一时期付出三五年的心血，胜过以后的三五十年；这个时候花费百十元的成本，胜过以后付出千万元。我们常说"十年树木，百年树人"，我试着在其后面分别加上几个字，形成这样一副对联：

十年树木，三年常修时为宜；

百年树人，十载苦教期最佳。

横批"机不可失"或"时不再来"，都可。

---

① 潘益大. 家庭美育[M]. 上海：知识出版社，1985：130.

第三章

我们需要什么样的"太阳"
——对孩子的要求

孩子是明天的"太阳",可是,太阳也有不同。有红彤彤的太阳,有火辣辣的太阳,有风沙蔽天时的太阳,有乌云密布时的太阳……古代有个后羿射日的故事:传说尧帝的时候天上同时出现了10个太阳,把土地烤焦了、庄稼烤干了,人们热得喘不过气来,一些怪禽猛兽也从干涸的江湖和火焰似的森林里跑出来残害人类。人间灾难惊动了天神,他派出善于射箭的后羿到人间协助尧帝解除苦难。后羿从肩上拔下红色的弓,取出白色的箭,一支接一支地向骄横的太阳射去,顷刻间射去9个。从此,万物蓬勃生长,人类安居乐业。

我们需要的"太阳"当然不是后羿射去的太阳,而是红彤彤、暖洋洋,给人带来幸福的太阳。那么,这样的孩子应该具备什么样的素质呢?有的学者认为,一要有学习的能力,二要有创新的能力,三要有生存的能力;有的学者认为,一要会做人,二要有知识,三要能做事,四要身体好。我国的教育目标是培养德智体美劳全面发展的社会主义建设者和接班人。由此，我认为，少年儿童是祖国的未来，是中华民族的希望，应该是有理想、有道德、有知识、有能力、有纪律、有好的身体，德智体美劳全面发展的好少年。

第一节　　　　　　　　　　　　　有理想

　　理想对于一个人来说至关重要。它不仅是我们前行的灯塔，指引我们走向正确的方向；更是我们奋斗的动力源泉，激励我们不断超越自我；同时也是业绩的种子，只有在不断的奋斗中才能开花结果。如果把"四有"①比作一棵树，那么理想（信念）是这棵树的根，道德是这棵树的干，文化和纪律是这棵树的枝和叶。根健枝壮，根深叶茂；根生了病，树就不再青翠。一个人只有有了明确的理想，才能迎难而进，披荆斩棘；否则，没有理想或理想不够坚定，就会成为"迷途的羔羊"，徘徊不前，甚至被困难击垮。

　　诸葛亮在《诫外甥书》中说："夫志当存高远……若志不强毅，意不慷慨，徒碌碌滞于俗，默默束于情，永窜伏于凡庸，不免于下流矣。"大意是说，做人应该有远大的理想和志

---

① 20世纪80年代，我国提出培养"四有"新人的教育方针，"四有"即有理想、有道德、有文化、有纪律；进入新时代，国家将教育的根本任务确立为培养德智体美劳全面发展的社会主义建设者和接班人。

气，如果意志不坚强，思想境界不开阔，整天忙于身边的生活琐事，受个人感情的支配和束缚，长期隐匿于庸俗之中，就难免会成为一个平庸的人。少年时期的周恩来曾发出"为中华之崛起而读书"的铮铮誓言。1910年秋，周恩来到奉天府（今沈阳市）入奉天第六两等小学堂（后改名东关模范学校）学习。这时距日俄战争结束不过5年，战乱给沈阳留下了残垣断壁，设于村外的战壕、炮楼犹在，中国正处于被列强蹂躏、积贫积弱的时代，满目疮痍的中华大地给少年时期的周恩来带来了强烈的冲击与深深的震撼。在一次修身课上，老师问学生："读书是为了什么？"同学们纷纷回答：为知书明理，为光宗耀祖，为升官发财……大部分人认为读书是为了将来能够封妻荫子，过上锦衣玉食的日子。周恩来的回答却振聋发聩："为中华之崛起而读书！"正是从少年时就确立了这样的人生志向，在后来漫长而艰苦的革命岁月里，他和无数志同道合之人一起，始终铭记读书报国之志，于孜孜苦学之中执着探索救国救民真理，为国家和民族奋斗终身，成就了壮丽的事业，成为一个万众景仰的伟人。

反之，如果没有远大的理想，就可能被所遭遇的困难击垮。四川省射洪市曾有一名男生以优异的成绩考入北京师范大学。毕业后他开始找工作，从成都到北京，又从北京到成都，还去过深圳，但不是他看不上人家，就是人家看不上他。一天吃早饭时，父亲问起他找工作的情况，他竟像小孩一样低着头，咬着手指不说话。后来他进了自己的卧室，不久就喝下了农药。昔日北师大的才子，就这样匆匆地走完了短暂的一生。他在遗书里写道："毕业后连工作也找不到，我觉得对不起父母，为了不连累父母，我就坦然地离开这个世界……"找不到工作对不起父母，抛下二老选择死亡难道就对得起父母？采取这种"不连累父母"的做法，能够"坦然"吗？本该大展宏图，却选择自尽，是他道德品质不好吗？不是。据他上中学时的校长和老师介绍，他从小就十分优秀、懂事，成绩很好，每个老师都夸奖他。是他缺乏生存能力吗？也不是。他孤身一人出外找工作，跑成都，跑北京，跑深圳，而且有一些单位愿意录用他，可见他不缺乏生存的能力。那么，究竟是什么造成了这一悲剧？其中重要的一个原因就是他没有一个远大的、坚定的理想，如果有，不要说一时找不到工作，就是遭受再大的挫折也不会走这样一条绝路。

生活是美好的。生活的美好来自美好的理想，没有美好的理想，生活的美好就会褪色，就可能吃不了苦、受不了委屈、经不起挫折，甚至自寻短见、酿下灾祸，给亲人留下痛苦，给世人留下遗憾。

首先，孩子的理想应该是美好的。世界上的事物有美好的，也有丑陋的。理想也是这样。周恩来的理想是为真理、为人民献身，而有些人的理想是为了"骑在人民的脖子上"。为真理、为人民献身的理想，是美好的理想；"骑在人民的脖子上"的理想，是丑陋的理想。孩子不论想当专家、做大官，还是想当明星、做老板，只要是美好的理想，就要给予鼓励，给予表扬；反之，就应当予以批评，劝其放弃。为真理、为人民献身的理想，是有所作为的种子；"骑在人民的脖子上"

的理想，是犯罪的根苗。

其次，孩子的理想不必强求伟大。有一个孩子，他的爷爷是位厨师，技艺精湛，孩子很崇拜他的爷爷。一天，妈妈问他长大后想做什么，孩子说要像爷爷那样做厨师，妈妈的脸一下子拉了下来："没有出息。"我们的许多父母都是这样，听到孩子说"考北大，做大官"，会喜不自禁；听到孩子说"做农民，当工人"，心里便不悦。职业没有高低贵贱之分，无论做什么工作，只要在岗位上认真负责，创造社会所需要的价值，靠自己的双手吃饭，都值得被尊重。1990 年出生的刘丽是青岛的一名环卫工人。从爷爷开始，她们家三代人都在做环卫工人。她上班有时也化妆，希望美美的。当被问及为什么选择做环卫工人时，她说，什么工作都得有人做，自己就愿意做城市的美容师。①

最后，对孩子进行理想教育必须从实际出发。这里所说的实际，一是年龄的实际。理想这东西，看不见、摸不到，虚无缥缈，五六岁以前的孩子无法理解。对于他们，一般不应讲什么"上清华，考北大，做学者，当专家"，因为你讲了他们也听不懂。引导他们树立的理想应切合他们的认知，如在家做个好孩子，在校做个好学生，在社会做个好少年。有人说这算不上理想。理想是对未来事物的想象或希望，这怎能不算理想呢？想当作家是理想，想考班内前三名是理

---

① 90 后选择当环卫工！工作不分高低贵贱，每一个人的努力都值得尊重[EB/OL].（2018-07-17）[2024-12-10]. https://www.sohu.com/a/241504442_517774.

想，想做个好孩子也是理想，只是不是那种既"远"又"大"的而已。二是天赋的实际。世界上没有完全相同的两片树叶，更不会有完全相同的两个大脑、完全相同的四肢，等等。所以，孩子的理想不能千篇一律，不会都既"远"又"大"，应该能大的就大些，不能大的就小些。他们适宜做什么，就引导他们树立什么样的理想。三是兴趣的实际。兴趣是一种喜好，又不是一般的喜好，而是比较稳定、浓烈的喜好。兴趣一旦达到痴迷的程度，往往会迸发出天才的火花。英国生物学家查尔斯·达尔文小时候成绩平平，但是热爱大自然，尤其喜欢打猎、采集矿物和动植物标本。他的祖父和父亲都是当地的名医，家里希望他将来继承祖业，16岁时他便被送到爱丁堡大学学医。但他无意学医，进到医学院后，仍然经常到野外采集动植物标本。父亲认为他"游手好闲""不务正业"，一怒之下又把他送进神学院，希望他成为一名牧师。大学毕业后，他毅然放弃了待遇丰厚的牧师职业，乘坐"贝格尔号"进行了历时5年的环球航行，对动植物和地质结构等进行了大量的观察和采集。后来，他出版了《物种起源》，提出了生物进化论学说。兴趣的形成既有后天的因素，也有先天的因素，和兴趣一致的理想是更容易实现的理想。因此，引导孩子树立理想，切不可不考虑他的兴趣。

　　进行理想教育不可空洞地说教。孩子的理想往往产生于榜样，而不是说教。空洞的说教对于成人作用有限，对于孩子更是作用甚微，因为他们还不懂得多少道理。对孩子进行理想教育，最好的办法是在他们心中树立起榜样，榜样立起来了，他们的理想便也就诞生了。

人有什么样的理想取决于他有什么样的人生观、价值观、荣辱观。人生观、价值观、荣辱观是美好的，其理想必定是美好的；人生观、价值观、荣辱观是丑陋的，其理想必定是丑陋的。因此，对孩子必须从小就注重人生观、价值观、荣辱观的教育，把这种教育贯穿于点点滴滴的生活细节之中，潜移默化，引导他们沿着良善的道路前行。

曾听说过这样一件事，有两位妈妈带着各自的女儿一同路过一个垃圾箱。孩子们看到垃圾箱旁有个衣着破旧、面容黑瘦的小女孩，觉得很可怜，便商量各自回家拿鲜奶来给小女孩喝。她们把自己的想法告诉了妈妈。一位妈妈说小孩子管那么多事干什么，另一位妈妈听后没有作声。回到家后，之前没作声的那位妈妈对女儿说："孩子，你们的想法很好，我们应该帮助有困难的小朋友，快拿一袋奶给小女孩送去吧。"孩子拿了一袋奶，欢快地送去了。不让孩子多管闲事的妈妈回家后继续教育女儿说："街上那么多穷孩子，你管得过来吗？一袋奶好几块钱呀！"这件事虽然很小，但体现出不同的人生观、价值观和荣辱观：你是想到他人，还是只为自己？你是看重做人的价值，还是看重钱财的价值？你是以助人为荣，还是以利己为荣？这样的事，做父母的可能很快就忘掉了，但是对于孩子来说，可能会影响一生。试想，在不让孩子多管闲事的妈妈教育下成长起来的孩子能树立起美好的理想吗？

世上的事情，想到的，有的可能做不到；但可以肯定的是，想不到的，一定不会做到。因此，作为家长和老师，不论在什么时候，都应把对孩子的理想教育放在首位。要根据他们的年龄、兴趣和特点，引导他们树立起美好的、长期奋斗的理想，当然，也要引导他们树立短期奋斗的目标。

生命，只有在美好的理想王国里展开翱翔的翅膀，才是美丽的、生机勃勃的、充满欢乐的。

第二节　　　　　　　　　　　　　　　　有道德

"你们那是什么年代，我们这是什么年代？别老用你们那一套教育我们，没人爱听。"相信不少人在教育自己的孩子时都被这样顶撞过。别说十几岁的孩子了，就是好些成年人，也早已动辄将"现在都什么年代了"挂在嘴边，似乎一切只要和"从前"沾上边就都是"老土"，都该嗤之以鼻。仁义礼智信、温良恭俭让等都是中国的传统美德，是人类文明发展的重要精神财富。在这个传统文化复兴的时代，我们不但不应该对其嗤之以鼻，还应该珍视其正面意义，从中汲取精华，更好地将其发扬光大。

什么是"道德"？这是一个比较复杂的问题。中外论道德的书不少，国外有斯密的《道德情操论》、尼采的《论道德的谱系》等，国内最早的有老子的《道德经》等，但都没有对道德下一个明确的定义。近年有些人给道德下了定义，但说法不一，各执一词。有的说道德包括法律、纪律，有的说不能包括法律、纪律；有的说道德有阶级性、民族性、时代性，有的说没有阶级性、民族性、时代性；有的说道德和人性是冲突的，有的说道德和人性是统一的；等等。我认为，要把道德的问题弄清，首先必须弄清两个问题：

第一，广义的道德和狭义的道德。为了弄清什么是广义的道德和狭义的道德，我们先弄清三个概念，即法律、纪律和道德。在调整个人与他人、个人与社会之间关系的行为标准中，最容易达到和遵守的，是法律；不太容易达到和遵守的，是纪律；那些难以达到而众人又都希望达到的，便是道德。广义的道德，是调整人与人之间以及个人和社会之间关系的行为规范的总和。这里的"总和"包括法律、纪律和道德。按这种广义的解释，对法律、纪律也可分出良恶：符合道德的法律、纪律，是良法、良纪；不符合道德的法律、纪律，是劣法、劣纪，甚至是恶法、恶纪。狭义的道德，是指具体的、明确的道德规范或准则，具体规定了什么样的行为是可以接受的，什么样的行为是不可以接受的。狭义的道德不包括法律和纪律。

第二，人类的共通道德和非共通道德。人类共通的道德是超越民族、宗教、群体甚至时代，全人类都期望达到的道德。它是人类共同的追求，如乐善好施、诚实守信、尊老爱幼、热爱国家和民族等。非人类共通的道德是不同的民族、宗教、群体等各具特色的道德观念。人类共通的道德是比较稳定的，长期不变的；非人类共通的道德是不太稳定的，容易发展变化的。道德是一种观念，是人在社会生活中的价值选择；随着事物的发展和时间的推移，人的观念和价值选择会发生变化，因而道德也会随之发生变化。应当指出的是，非人类共通的道德，部分观念与行为准则在更广阔的人类价值视域下是不道德的，甚至是罪恶的。这些所谓的道德，迟早会随着人类的进步而消亡。

我们平时使用的道德这一概念，一般是指广义的道德、人类共通的道德。现在我国青少年的思想道德总体状况是好的，热爱祖国、积极向上、团结友爱、文明礼貌、敢于探索创新、善于接受新知是其精神世界的主流，他们是朝气蓬勃、大有希望的一代。但也应当看到，近年来由于国内外环境的深刻变化，部分青少年在思想道德方面也出现了一些不容忽视的问题，比较突出的是：

第一，坐享其成，追求奢侈，缺乏勤俭观念、劳动观念和上进心。随着社会发展和生活水平的不断提高，当代青少年生活和学习条件比之前时代的学生好得多，学生中金钱至上、爱慕虚荣、盲目攀比、铺张浪费、追求享乐的现象并不少见。比如，大学生"校园贷"曾一度引起社会的热议。大学生进入学校后，脱离了父母的监管，在消费心理、消费习惯等方面有了一定的自主性，很多学生为满足消费愿望和自身的虚荣心，盲目跟风攀比，购买名牌电子产品、高档化妆品和生活用品等。当经济能力无法满足消费需求时，有些人就将目光投向"校园贷"，一旦到期不能如约还款，往往会引发一系列问题。

第二，以自我为中心，缺乏关爱意识、公德意识和法纪意识。道德是立身处世之本，一个人道德不良或道德缺失，不仅会对社会和他人造成危害，自身也会深受其害。曾就读于北大经济学院的吴某从小到大成绩优异，被保送北大，但大三时他杀死了亲生母亲，随后以需要生活费、学费、财力证明等理由骗取亲友 144 万元，四处逃亡；复旦大学上海医学院硕士生林某和黄某因琐事发生矛盾，林某将剧毒化学品投入寝室的饮水机内，黄某喝后经医院抢救无效不幸去世，这就是震惊一时的"复旦大学室友投毒案"。以上是两个比较极端的案例，吴某和林某虽然有着出色的学习成绩，在道德修养方面却存在着严重的缺失，以致作出了可怕的行为。这种现象反映出，高学历并不自动带来高道德水平，一个人如果没有德行，知识越多、学历越高，对社会的危害可能越大。

第三，只求索取，不思奉献，缺乏感恩意识。近年来，媒体屡有报道部分受助大学生面对资助者时态度冷漠疏离，从不主动致电问候，亦未提笔书写只言片语，连最基本的感谢之词都吝于表达，他们将他人无私的付出视作理所当然。不仅如此，有的孩子对自己的母亲都毫无感恩之心。"巨婴"一词的百度指数近几年居高不下，越来越多的"巨婴"出现在我们的视野里。"巨婴"指虽然已经成年，但心智仍然停留在幼儿阶段，极不成熟的人。这类人以自我为中心，极度自私，只求索取而没有奉献，没有规则意识。

道德是立身处世之本，德育是各项教育之首。道德不良的民族，难以立足于世界；道德不良的群体，难以立足于社会；道德不良的人，就像一座建于沙滩的房屋，说不定哪一天就会轰然坍塌。我国计算机文字信息处理专家王选院士在谈到自己的成功经验时，说的第一点就是青少年时代注意培养良好的品德，懂得为别人考虑，要以身作则，先要做个好人，才能成就事业。可是，现在不少父母在对孩子的教育上，往往自觉或不自觉地轻德重智。孩子吵了架、打了人、偷拿家里的东西，他们不生气、不动怒，若无其事，但是如果学不会他们所教的几个字、几句诗，则大发雷霆。其结果，当然会和他们的主观愿望背道而驰。

我国的德育有着悠久的传统。孔子把"仁"作为道德的最高原则，围绕"仁"这个核心，提出了"智、仁、勇"三德。孟子在这个基础上，又提出了"仁、义、礼、智"四德。新中国成立以后，国家对学生提出了要做到"三好""五爱""好好学习，天天向上"。2001年9月20日，党中央印发《公民道德建设实施纲要》，提出"爱国守法、明礼诚信、团结友善、勤俭自强、敬业奉献"20个字的基本道德规范。2006年3月，我们党提出了以"八荣八耻"为主要内容的社会主义荣辱观，继承和发展了我们党关于社会主义思想道德建设褒荣贬耻、我国古代的"知耻"文化传统，同时又赋予其新的时代内涵。2012年11月，党的十八大报告明确提出"三个倡导"，即"倡导富强、民主、文明、和谐，倡导自由、平等、公正、法治，倡导爱国、敬业、诚信、友善，积极培育和践行社会主义核心价值观"，其中"爱国、敬业、诚信、友善"是公民基本的道德规范，是从个人行为层面对社会主义核心价值观基本理念的凝练。2019 年，中共中央、国务院印发了《新时代公民道德建设实施纲要》，明确指出："在全民族牢固树立中国特色社会主义共同理想，在全社会大力弘扬社会主义核心价值观，积极倡导富强民主文明和谐、自由平等公正法治、爱国敬业诚信友善，全面推进社会公德、职业道德、家庭美德、个人品德建设，持续强化教育引导、实践养成、制度保障，不断提升公民道德素质，促进人的全面发展，培养和造就担当民族复兴大任的时代新人。"根据历代基本道德规范要求和孩子的年龄特点，在对孩子的道德教育中，我认为重点应是诚实、勤俭、有爱、敬业、坚韧、勇敢。

一、诚　实

美国著名出版家、作家阿尔伯特·哈伯德写过一个故事——《把信送给加西亚》。19 世纪美西战争期间，美方有一封具有战略意义的书信，急需送到古巴起义军将领加西亚的手中，而加西亚此刻正在丛林中作战——没有人知道确切的地点。美国总统正为此而焦急，有人推荐一个叫罗文的人，说他有办法找到加西亚。罗文从总统手中接过写给加西亚的信，没有任何推诿，不讲任何条件，经过艰难曲折，历尽千辛万苦，徒步三周后，终于找到了加西亚，圆满地完成了总统交给的任务。这是一个简单的故事，却流传到世界各地。

年轻人所需要的不仅是书本上的知识，也不仅是聆听他人的种种指导，还需要树立一种诚实守信的精神，对于他人的托付，不讲条件，不打折扣，立即行动，全心全意地去完成。罗文可以拒绝接受任务，但他没有拒绝；可以把信丢进水沟里——无人知晓，但他没有丢；可以向艰难屈服——人们也能够理解，但他没有屈服。社会需要这种能够"把信送给加西亚"的人，人们钦佩这种诚实守信的人。

一家公司的资深人事主管在谈到员工录用与晋升的尺度时说："我不知道别的公司在录用及晋升方面的标准是什么，我只能说，我们公司很注重应聘者对金钱的态度。一旦哪个员工在金钱上有了不良记录，我们就不会再雇用他。这样做的理由有四点：第一，一个人除对家庭负有责任外，对雇主坦诚也是十分重要的，在金钱上不坦诚，简直与偷窃无异。第二，如果一个人在金钱上不坦诚，对其他事也很难坦诚。第三，一个不坦诚的人，在工作岗位上必定缺乏应有的责任感。第四，频繁的财务困难容易导致一个人铤而走险，在金钱方面有不良记录的人，犯罪率比普通人高很多。"这家公司的用人标准说明了这样一个问题：诚实是衡量人的品行的重要"尺子"。这把"尺子"，无论古今中外，对所有的人都适用。

诚实是什么？诚实就是言行与思想一致，表里如一，待人真诚，不弄虚作假。英国大剧作家威廉·莎士比亚说："真诚是伪善的天敌，它能赢得所有人的心。"我国谚语说："人是实的好，姜是老的辣。"如果把人比作一棵树，诚实是这棵树的根；如果把人比作一座碑，诚实是这座碑的底座；如果把人比作一座堡垒，诚实是这座堡垒的最后一道防线。社会是一个整体，任何一个人都是这个整体的一个细胞，不能孤立存在。他要发挥自己的最大作用，就必须取得周围人的信任；而取得周围人信任的最佳良方，不是别的，就是诚实。所以说，在人生旅途中，诚实是最珍贵的通行证，是镌刻着个人信誉的独特身份证。怀揣这张"身份证"，无论穿行于熙攘的都市街巷，还是涉足偏远的陌生角落，都会收获信任的目光与温暖的接纳。反之，若缺失了诚实的品格，就如同被贴上失信的标签，令人避之不及。人们会本能地疏远、警惕，不愿与之深交、共事，更难交付真心。这样的人，在社会交往中寸步难行，所到之处皆是猜忌与防备，失去了与他人真诚联结、共享美好人生的可能。

人们无不痛恨谎言泛滥的世界，向往诚实守信的世界，就是那些爱说谎的人也是如此，他自己撒谎，但不希望别人对他撒谎。寓言故事《狼来了》，让我们看到撒谎带来的严重后果和失去信任的可怕；丹麦童话巨匠安徒生的《皇帝的新装》，则以荒诞离奇却又发人深省的情节，对谎言进行了辛辣的讽刺。德国伟大音乐家贝多芬说："无论谁，只要说一句谎话，他就失去纯洁的心，而这样的人是煮不出一碗干净的菜汤来的。"俗话说，撒下一个谎要用一百个谎来圆，甚至一千句谎言也掩盖不住一个事实。同诚实的人相处，人们会感到心神清爽；爱撒谎的人，不论伪装出多少优点，同他接触，人们都会感到心神不安。所以，诚实的人一定能找到属于自己的幸福。

因此，我们应努力教导孩子：第一，说话要诚实。张口说真话，不说假话；宁可不说话，也不说谎话；宁可少说话，也不说空话（做不到的话）。第二，做事要诚实。不偷懒，不耍滑，不弄虚，不作假，认认真真，一丝不苟。例如，参加文化考试，会就会，不会就不会，实事求是。第三，待人要诚实。不欺瞒，不哄骗，开口见心，坦诚相待，光明磊落。

人人诚实的世界是一个美好的世界、可爱的世界、人人渴望的世界，在这样的世界中每一个人都怀揣着一颗赤子之心，真诚相待；假面耀武扬威、欺诈肆无忌惮的世界是一个丑陋的世界、可怕的世界，生活在这样的世界里，人们会提心吊胆，战战兢兢，谁都不会感到幸福。

二、勤　俭

勤俭，恰似人生航船的压舱石，默默守护人生航程行稳致远。一个人纵有父母留下的万贯家财，若缺失勤俭持家的智慧与品德，也经不起岁月风浪的侵袭。

类似例子本书前面已经列举了几个，这里再举一个。曾国藩的外孙聂云台 1943 年曾撰《保富法》一书，他说："我住在上海五十余年，看见发财的人很多。发财以后，有不到五年、十年就败的，有二三十年即败的，有四五十年败完的。我记得与先父往来的多数有钱人，有的做官，有的从商，都是煊赫一时的，现在已经多数凋零，家事没落了。有的是因为子孙嫖赌不务正业，而挥霍一空；有的是连子孙都无影无踪了。大约算来，四五十年前的有钱人，现在家务没有全败的，子孙能读书、务正业、上进的，百家之中，实在是难得一两家了。不单是上海这样，在我湖南的家乡，也是一样。清朝同治、光绪年间，中兴时期的富贵人，封爵的有六七家，做总督巡抚的有二三十家，做提镇（清代提督与总兵的合称）大人的有五六十家，现在也已经多数萧条了。"[①]

在书中，聂云台把兴旺之家和败落之家做了对比。清朝的文忠公林则徐，一生廉洁勤俭，当时他如果想发财，捞个几百万两银子是很容易的，但他没捞，死后家无积蓄；但是，他的子孙数代都是书香不断，曾孙辈中仍有进士、举人。而和林则徐同一个时期的伍氏、潘氏、孔氏三家，都是靠鸦片发了大财的，但是几十年以后，财富都流到了别家，后代中一个闻达的也没有。聂云台总结道，看看他们的后代可知，林氏是世间最有智慧的人，伍氏、潘氏、孔氏却是最愚笨的人了。

但是现在，不少"最愚笨的人"兴起了一股强劲的奢靡之风，而且波及孩子。南方某大学一年级学生小何，刚上大学就配齐了电脑、平板、手机，花了1万多元；另一所大学穿着一身名牌的一年级学生小张，开学时父母给的1万元生活费一个学期还没结束就用完了，她又打电话向父母索要，说要买电脑、买衣服、买护肤品，寒假还要去外地旅游。你不要以为这小何和小张家境富裕，小何家在农村，父母主要靠种庄稼和经济作物为生；小张的家境也不好，父母都下了

---

① 聂云台. 保富法[M]. 北京:中华工商联合出版社,2024:2.

岗，开一家小杂货店维持生计。看了这样的消息，我心里一连几天都像压着铅块，这样的孩子，明天会"更加美好"吗？

"历览前贤国与家，成由勤俭破由奢。"这话虽老，但没有过时，今后相当长一个时期也不会过时。因为勤俭是相对的，不是绝对的。假如，根据你的条件每天可以消费百元，你实际上只消费了90元，那就是俭；根据你的条件每天消费不得超过15元，即使你消费了16元，那也是奢。勤俭，不是比把齐、一刀切，不是大家都必须粗茶淡饭、素衣朴裳。

三、有 爱

我国教育家夏丏尊在谈到教育时说："好像掘池，有人说四方形好，有人又说圆形好，朝三暮四地改个不休，而于池的所以为池的要素的水，反无人注意。教育上的水是什么？就是情，就是爱。教育没有了情爱，就成了无水的池，任你四方形也罢，圆形也罢，总逃不了一个空虚。"[1]"爱的教育"是教育活动中一个永恒的话题，也是对孩子进行素质教育的一项奠基工程。中国自古就是"礼仪之邦"，孔子的"仁政"，墨子的"兼爱""尚同"，孔融让梨的故事，都是讲的"爱"。"爱"的思想、"爱"的教育，数千年来在我国连绵不绝。

回顾历史，每一位有所作为的人，无不是怀着深厚宽广

---

[1] 亚米契斯. 爱的教育[M]. 夏丏尊，译. 南京：译林出版社，2017：译者序言.

或炽热强烈的爱心；相反，胸中无爱的人，必定是只关心自己、不关心他人的人，必定是责任感不强的人。曾看到过这样一则消息，一个家境贫困但学习成绩优秀的中学生逼迫父母出钱送他到没有奖学金的法国某学校留学，后经班主任反复做工作，他才勉强同意申请到给全额奖学金的美国某校留学。但到美国后他从不给父母打电话，说是与父母没有共同语言。这种连父母都不爱的人，又怎会敬重老人，善待弱小，团结同志，报效国家？

有爱，主要体现在以下几个方面：

第一，爱祖国。爱祖国是中华民族的光荣传统，是推动中国社会前进的巨大力量，是各族人民共同的精神支柱，是社会主义精神文明建设主旋律的重要组成部分，同时也是培养社会主义现代化建设者和接班人的基本要求。爱祖国的主要要求有：一是热爱祖国。其内容极为广泛，诸如热爱祖国的大好河山、丰富资源、语言文字、风土人情、文化传统等，有民族的自尊心、自信心和自豪感。李白的"日照香炉生紫烟，遥看瀑布挂前川。飞流直下三千尺，疑是银河落九天"（《望庐山瀑布》），是对祖国大好河山的热情描绘；杜甫的"穷年忧黎元，叹息肠内热"（《自京赴奉先县咏怀五百字》），白居易的"一丛深色花，十户中人赋"（《秦中吟·买花》），是对人民疾苦的深深同情。二是建设祖国。在科技上有重大发明创造，为生产发展、人民生活水平的提高作出卓越的贡献；学成归国，为祖国繁荣、富强而贡献出聪明才智；海外赤子回乡兴办教育、实业、社会福利事业；

在各个平凡的工作岗位上，几十年如一日，兢兢业业，奉公守法：这些人，都是爱国者。同时，当一个社会制度已经衰朽，阻碍了祖国的发展之时，那些率领广大人民群众，推翻代表腐朽制度的旧政权，使生产力获得解放，使祖国走向繁荣富强的人，则既是革命家，又是伟大的爱国者。孙中山、毛泽东就是这样的人。三是保卫祖国。为维护祖国的领土完整、独立自主而奋斗不息，一旦遇到外敌入侵，即挺身而出，为保家卫国不惜献出自己的鲜血和生命。在近代史上，鸦片战争时期的林则徐、邓廷桢，中法战争时期的冯子材、刘永福，中日甲午战争时期邓世昌、林永升，戊戌变法时期的康有为、梁启超、谭嗣同，辛亥革命时期的邹容、秋瑾等，他们"捐躯赴国难，视死忽为归"（曹植《白马篇》），"金瓯已缺总须补，为国牺牲敢惜身"（秋瑾《鹧鸪天·祖国沉沦感不禁》），就是这样的惊天地、泣鬼神的爱国英雄。四是反对分裂。2005年3月14日第十届全国人民代表大会第三次会议通过的《反分裂国家法》，指出："世界上只有一个中国，大陆和台湾同属一个中国，中国的主权和领土完整不容分割。维护国家主权和领土完整是包括台湾同胞在内的全中国人民的共同义务。台湾是中国的一部分。国家绝不允许'台独'分裂势力以任何名义、任何方式把台湾从中国分裂出去。""完成统一祖国的大业是包括台湾同胞在内的全中国人民的神圣职责。"中国自古以来就是一个统一的多民族国家，历代中央政府无不以维护祖国的统一为国家的头等大事。作为中华民族的一员，包括台湾同胞，都必须把反对分裂、维护国家统一作为自己的神圣职责。

第二，爱他人。"我为人人，人人为我"是一种高尚的人生境界，是对中华民族传统美德的传承，是社会主义精神文明的具体体现。社会是个大家庭，谁都离不开他人的帮助。没有别人的帮助，我们吃不上饭，穿不上衣，没有住处，无法出行。我们的一呼一吸、一举一动，都享受着他人的劳动和汗水，所以我们也应该为他人的一呼一吸、一举一动付出我们的劳动和汗水。当然，这种付出大都是有偿的；但是，在有偿的付出中若不寄寓爱心，那就可能带来伤害。假药、假酒、假食品等假冒伪劣商品的出现，就是因为有一些本应"为人民服务"的人只爱钱不爱人，变成了被金钱奴役的"魔鬼"。世间之人，谁都不愿生活在自私冷漠、坑蒙欺诈、忘恩负义的环境之中。一个没有爱的世界，如同冰天雪地、荒漠沼泽，生活于这样的世界，到处是攫取的眼睛和利爪，该是多么的可怕！所以，生而为人，生活于世，应以自己之心度他人之心，在享受"人人为我"之时，切不可丢掉自己的那份"我为人人"的良心。

爱他人，更多地表现为对他人的无偿帮助，我们称之为奉献。人离不开有偿的帮助，同样也离不开无偿的帮助。比如，一个人拉着车子上坡，单纯依靠自己的力量可能无论如何也上不去，旁边如果有人帮上一把，就会很容易地上去。再比如，在市内乘公共汽车，有座或无座对平常人来说算不了什么，但对老弱病残和抱着孩子的乘客来说就有着天壤之别，这时如果有人让出座位，就会给他们带来幸福。人们之间的这种相互帮助大都有这样的特征：对于接受帮助的一方来说，十分重要；而对于提供奉献的一方来说，就算不是举手之劳，也没有多大的困难。面对这种寻常的帮助，心怀博爱的人会毫不犹豫地援之以手；但是对于那些自私冷漠、没有爱心的人来说，即使拔一毛而利他人，他也不为。人无不渴望被爱，当身处绝境时，更无不渴望有人相助。但是应当明白，一个不爱他人的人，很难被人所爱；一个在别人需要帮助的时候不伸出援手的人，当自己需要别人帮助的时候，也很难看到别人伸过来的援手。最考验人的奉献是在危急的关头。有人不慎落水，有人被歹人侵害……面对这种可能要付出鲜血甚至生命的奉献，你是挺身而出，是紧急呼救，还是冷眼旁观？于此关头，人们不会要求在场者都挺身而出，但是依据社会公德，人们有理由期待：只要在场，就不应当无动于衷，能力所及时果断伸出援手，条件允许时迅速拨打报警电话，或是大声呼喊吸引他人关注。人们最痛恨的就是在场冷眼旁观，事后不敢做证，甚至对挺身而出者冷嘲热讽的人。然而令人痛心的是，这样的"冷血"现象并非个例。

有人说，随着商品经济的发展，有偿帮助将会越来越多，无私奉献将会越来越少。这是必然的，但未必是坏事，因为它会使人们之间的相互帮助更有保障。还是以拉车为例。如果那条路上经常有人拉车，就可能促使助推上坡成为职业，形成有偿助推。这没什么不好：一方面，助推者付出了劳动，应当得到相应的报酬；另一方面，对拉车人也不是什么坏事，因为以前无职业助推时，为保险起见，拉车可能需要两人，现在有了助推，可减少一人，节省一个劳力。但是不管有偿帮助怎么发展，可以肯定地说，爱心永远不可少，奉献永远不可无。比如乘车让座、扶老人过马路，不可能有偿。而在生死攸关的危急时刻，如洪水中托举起濒危的生命，火灾中冒险营救被困者，这些在危难中挺身而出的义举，更无法用金钱来衡量价值。

亲情之爱是人类的至爱，漠视亲情之爱是最不可恕的。一个人爱不爱他人，最明显的标志就是看他爱不爱自己的父母。父母哺育自己，教养自己，含辛茹苦地把自己拉扯成人。山羊跪乳，乌鸦反哺。一个人如果连自己的父母都不爱，就不会忠贞不渝地爱他的爱人，爱他的亲戚，爱他的朋友，更不会真心实意地把他的爱施与同他素无来往的人民大众。即使他有时对他人作出爱得死去活来、"两肋插刀"的样子，那也只是为了索取，等到把他人的血汗榨干了、骨髓吸尽了，便可能连声"谢谢"也不说，就像从来不认识你一样扬长而去。

爱别人的前提是对人宽容。手持电筒，只照别人，不照自己，"乌鸦落在猪身上，不见自己黑"，只见他人的短处，不见自己的缺点，这样的人很难把爱施与他人。

第三，爱生活。生活是一个非常宽泛的概念，包括衣食住行等各方面的情况，也包括为了生存和发展而进行的各种活动。爱生活就是满怀着爱意去参与生活，接纳生活。去上班，就爱你的工作；回到家，就用心关爱家人；同亲朋相聚，就敞开心扉，感受亲情和友爱；去郊外游玩，就欣赏花草虫鱼的灵动、飞禽走兽的生机，感受大自然。有爱的生活是美好的生活，没有爱的生活是死水一潭。当心中充满爱意时，与亲朋好友并肩漫步于郊外小径，呼吸着清新空气，沐浴着和煦阳光，每一寸时光仿佛都浸润着幸福的滋味；反之，若心中没有爱，即便面对再美的景致，也会觉得天空黯淡无光，树木了无生趣，花朵亦失去娇艳之色。有了爱，你会觉得树上的鸟鸣清脆悠扬、悦耳悦心，湖中的波光好像仙女的宝镜；没有爱，你会觉得那鸟鸣刺耳闹心，那湖水死气沉沉。也许，有一天当你遭遇到了挫折，而且摔得很重、很痛时，你会怀疑：我爱生活，为什么生活却捉弄了我。其实审视一下自己，你会发现，时间照旧前行，生活照旧继续，不是生活捉弄了你，而是你对生活的爱出现了懈怠，少了些真诚。这时，你应以对生活加倍的爱战胜挫折，积极地迎接自己心中理想生活的到来。有人说，爱是老唱片中一支永远不会褪色的恋曲，经常听听恋曲的轻柔，品品咖啡的香醇，你的生活就会永远充满爱意。爱无止境，任何时候都不要吝啬你的爱，把它播撒在生活的每个角落，你的收获一定会远超付出。

第四，爱自己。爱他人，首先要学会爱自己。爱自己，是珍惜自己的身体、精力、心情等具体的事物。有人可能会说："爱自己，那不是自私吗？"爱自己不是自私，因为只有自己工作、生活顺心了，才会更有心情和精力爱你的家人，爱你周围的朋友和同事。如果你没有爱自己的心，不知道体贴自己、安慰自己，不知道如何让自己减少痛苦和烦恼，不知道如何使自己变得自信和快乐，那么又如何会体贴、关爱他人，与他人快乐相处，让自己的人生快乐而有价值呢？因此，爱自己和爱他人是不矛盾的，两者可以共存甚至互补。

爱自己，还要学会自尊自爱。自尊自爱是一种自己尊重自己、自己爱护自己，并期望得到他人、集体和社会的尊重与爱护的心理。一个不自尊、不自爱的人，永远不会爱他人、爱祖国。曾有一个中学生，他每天都懵懵懂懂地在学校混日子，不是打架斗殴就是抽烟逃学，连老师都有些怕他，可他自己从来没觉得有什么不好。16 岁那年，他情窦初开，喜欢上了班里的一个女同学，并给她写了一封情书。收到情书时那女同学鄙夷地看了他一眼，后来竟然把情书贴到了学校宣传栏里。虽然他的检讨书在宣传栏里贴过不下 20 次，但这一次，他感到了从没有过的刺心的痛。后来，他像变了个人似的，拼命地学习，终于考上了大学。这个人叫王其善，曾是位于美国丹佛市的全球第四大电脑公司的技术总监，很受公司器重。他在回母校作报告时讲起了他人生中的几个小片段。他说，16 岁时的那次经历让他明白，一个人要想被他人接受，并且被他人尊重，首先得自己尊重自己。不自尊自爱的人，永远不会被他人所爱。我们还要明白，真正的自尊自爱不是自私自利，以自我为中心；不是故步自封，目中无人；不是强行让别人服从自己的意志，只顾自己的利益和需要；不是打击和贬低别人，抬高自己！

"我为人人，人人为我"，相亲相爱，相助相帮，鸟语花香，蓝天白云。这样的世界是一个多么美好、多么令人向往的世界！而这个世界的实现，必须从培养孩子的爱心开始。

四、敬　业

业，就是学业、职业，也可理解为所承担的任务。敬业，就是专心致志地做好所承担的工作，出色地完成所承担的任务。敬业是从业的底线，一个不敬业的人，不是一个称职的人，更不是一个有责任心的人。

20 世纪 60 年代，大庆油田的"铁人"王进喜，在油井突遇井喷时，不顾腿伤跳入泥浆池，用身体搅拌水泥封堵井口。他喊出"宁可少活二十年，拼命也要拿下大油田"的誓言，用血肉之躯诠释了"敬业"二字。

云南乡村教师张桂梅，身患多种疾病却坚持每天清晨 5 点起床，手持喇叭叫醒学生晨读。她创办的华坪女高让 2 000 多名贫困女孩走出大山。她说："只要还有一口气，我就要站在讲台上。"布满膏药的手、蹒跚的背影成了敬业精神最鲜活的注脚。

在我国新疆海拔最高的红其拉甫边防线上，有一名护边人员叫拉齐尼·巴依卡，被边防官兵和当地牧民亲切地称赞为在云端上守边护边的"帕米尔雄鹰"。他把卫国护边当作崇高事业和毕生追求，16 年如一日守卫在平均海拔 5 000 米、风力常年 7 级以上、最低气温达零下 40 多摄氏度的边防线上。他每年巡边 10 多次、行程 1 500 多千米，每次都要冒着生命危险翻越雪山达坂，蹚过冰河，穿越经常雪崩的"死亡之谷"，随他巡边的牦牛累死了 7 头，他自己身上则大大小小负伤多处。

大连市公共汽车联营公司 702 路 4227 号双层巴士司机黄

志全，在某日行车途中突然心脏病发作。在生命的最后一分钟里，他强忍剧痛做了三件事：首先，把车缓缓地停在路边，用尽气力拉下手动刹车闸；接着，把车门打开，让乘客安全下车；最后，将发动机熄火，确保了车和乘客的安全。三件事做完，他倒在方向盘上闭上了眼睛，再也没有醒来。黄志全是一个平凡的司机，但在生命最后一刻的所作所为，让他的名字惊天动地。平凡与伟大之间，有时并不隔着鸿沟。

无论是王进喜的"铁人意志"、张桂梅的"教育执念"，还是无数普通人日复一日的无声坚守，敬业从不是惊天动地的口号，而是将责任融入血脉，在平凡的岗位上把一件事做到极致。这种精神如同暗夜中的星光，单颗虽微，汇聚起来却成为照亮时代征程的璀璨星河，在人类文明的长卷上书写下震撼人心的篇章。

敬业，对于少年儿童来说，主要是敬学业，敬家长和老师交给的任务。有一个初二的学生在做数学作业时被一道证明题难住了。这孩子有一股犟劲，对于不会的问题决不轻易问人，一定要自己解决。他想了一个晚上也没有解答出来，第二天交作业时他对老师说："这道题我暂时不会，但我一定能弄会。"放学回家的路上他仍在思索，突然脑海中一亮，问题破解了。凭着这份钻研的精神，这名学生后来成为全市的"数学状元"。

敬业，就是对于所承担的任务：认真负责，忠于职守，有强烈的主人翁意识；专心致志，埋头去做，不偷懒，不耍滑，不取巧；不怕困难，不怕挫折，持之以恒，一直向前；一丝不苟，精益求精，力求达到最好。有了这种精神，还有什么学业、工作不能做好？

五、坚　韧

坚是坚固、坚定；韧是柔软而结实，受外力作用虽变形而不折。坚韧，就是坚固、坚定，而又富有韧性。天空不会一直万里无云，人生不会总是一帆风顺。世间任何一项功绩，无不是坚韧的花朵、奋斗的结晶。坚韧，是创业的"法宝"，成功的秘诀。我们爱把伟人、名人称作天才，其实，任何一个天才都不是天生的。被誉为"发明大王"的爱迪生告诉我们，天才就是99％的汗水加上1％的灵感。1％的灵感非常重要，但是如果不付出99％的汗水，那1％的灵感就不会迸射出火花。我们不能只见天才的辉煌，不见天才的艰辛。所谓天才，都是从苦水里渡过来的，从泥淖里爬出来的，从荆棘丛里挣扎过来的。哪怕是稍有成就者，其背后也必定镌刻着一部个人遇难不退、逢败不馁、坚忍不拔、勇往直前的奋斗史，所获成就愈大，这部奋斗史就愈惊心动魄。

居里夫人被称作"镭的母亲"。但是她的实验室是一间没人用的破旧棚屋，玻璃屋顶残缺漏风。棚内连个像样的凳子都没有，只有几张朽坏的桌子、一块黑板和一个破旧的火炉。每天一大早，居里夫人就穿起沾满油渍灰尘的工作服，翻倒矿石，搅拌冶锅，倾倒溶液，忙个不停。有时整整一天只重复一个动作，用一根粗笨的铁条搅动一堆沸腾的液体。矮小的棚内烟气熏人，而那时她正患着结核。就这样，经过

45 个月的艰辛，居里夫人终于从沥青铀矿残渣中提炼出了微乎其微的 0.1 克纯镭盐。

1969 年，39 岁的屠呦呦接受了国家"523"抗疟药物研究的艰巨任务，被任命为中医研究院中药抗疟科研组组长。面对全球数亿疟疾患者的生死困局，她带领团队深入研究中医典籍，查阅大量古代文献，从《肘后备急方》"青蒿一握，以水二升渍，绞取汁，尽服之"的记载中捕捉到灵感。没有先进设备，她就用低沸点的乙醚替代常规高温萃取，在通风极差的实验室里徒手浸泡处理上千份青蒿样本。历经数百次失败后，最终在 1971 年发现了高效的青蒿素提取物。1972 年，成功从青蒿提取物中提炼出抗疟有效成分——青蒿素。1973 年，屠呦呦团队进一步研发了双氢青蒿素，这是一种临床抗疟药效高于青蒿素且复燃率低的新药，于 1992 年获国家一类新药证书。屠呦呦研究青蒿素 40 余年，直到 2015 年凭借青蒿素的发现和研究获得诺贝尔奖才被公众熟知。她用半个世纪的坚守证明：真正的专业精神，是甘愿做"笨功夫"的孤勇，是把千万次失败踏成阶梯的执着。

我曾读过一个故事。一个喜爱雕塑的青年不远万里拜一位雕刻家为师，但是这位雕塑家正如对待自己的作品一样，对他的徒弟十分苛刻。整整 5 年，每次青年雕好一件作品拿给老师过目，老师都看也不看就毫不留情地将它打碎。许多人认为雕塑家不近人情，可他的妻子说了一句意味深长的话："只要信心没有被打碎。"青年虽屡遭打击，却始终坚守初心，在失败中不断反思、打磨技艺，最终青出于蓝而胜于蓝，超越了自己的恩师。

坚韧，离不开"两心"，一是雄心，二是信心。如果把坚韧比作前行的列车，那么雄心便是指引方向的精准导航，信心则是驱动前行的强劲引擎。回望历史，鲁迅直面白色恐怖的威胁，笔耕不辍，以文字为刀枪，誓要改造国民精神；爱迪生在大火中失去了研制工厂，却能迅速振作，只因他怀揣"在世界上做一番事业"的坚定信念。世人常将"雄心勃勃"视作贬义，实则不然，这份对高远目标的执着追求，理当被视为褒义。想到的事情可能办不到，而想不到的事情一定不会办到。没有雄心，干不成大业；雄心勃勃，应受到鼓励。信心和雄心同等重要。人在遭受挫折的时候，缺乏信心会一蹶不振，只有信心十足才能迎来生机盎然的"柳暗花明"。居里夫人提炼镭，如果在第 44 个月时停下，不就前功尽弃了吗？有首歌唱道："看成败，人生豪迈，只不过是从头再来。"跌跤不可怕，怕的是不重新爬起，从头再来。在竞争日益激烈的社会中，跌跤不可避免，即使无情的生活将努力奋斗的成果打成碎片，只要信心不被打碎，就可以再次点燃生命的激情和活力，放射出灿烂的光芒。

但是，坚韧不可脱离个人的实际。古人说，骏马驰千里，犁田不如牛；我们说，黄牛不善奔，犁田胜骏马。不同的花，有不同的色彩和香味；人不同，其才智和技能的施展方向也不同。扬己所长，避己所短，有助于成就事业；否则，可能事倍功半，甚至劳而无功。因此，树立雄心，务必选准目标。

然而，当下存在一个极为突出的问题，那便是部分人心态浮躁且投机取巧。他们满心只想着收获成果，却不愿为之付出辛勤努力；渴望走捷径、耍小聪明，一心琢磨着如何钻营门道，在旁门左道上费尽心思。这类人，在那些规则不够健全、管理不够规范的特殊时期，或许能凭借不正当手段侥幸一时得志，实现所谓的"飞黄腾达"。但他们的成功犹如建立在沙地上的楼阁，根基不稳。须知，随着国家不断发展进步，用人机制日益完善，靠不正当手段谋取利益的行为将再无生存空间。

相信吧！只有坚韧的人才不可战胜，才能创造出人间奇迹。

六、勇　敢

天有风雨雷电，地有水旱虫火。人生在世不可能总是风和日丽、一帆风顺，即使没有流血牺牲的危险，也免不了经历各种各样的困难、挫折和风险。当危险、风险到来时，你靠什么取胜？除了勇敢，别无他途。如汪国真所说："勇敢对于个人来说，是一种不可或缺的品格，没有勇敢的品质，就不可能坚持正义；勇敢对于社会来说，是一种不可或缺的德行，没有勇敢的精神，就不可能主持公道。"[①] 在恶行恣肆的地方，缺的往往不是正义，而是勇敢，没有勇敢的正义几乎等于零。

我国有个成语，叫作"智勇双全"。面对危难，智慧和

---

① 　汪国真. 汪国真自选作品集:珍藏版[M]. 成都:四川文艺出版社，1991:82.

勇敢一个是左膀，一个是右臂；勇敢使人镇定沉着，智慧使人如虎添翼。勇敢是智慧的卫士，智慧是勇敢的翅膀，勇敢和智慧相伴，才有可能踏破危险、风险前行。

《史记·孝文本纪》中记载了一位既勇敢又智慧的女孩，她叫淳于缇萦，是西汉临淄（今山东淄博）人。她的父亲淳于意是西汉医学家，曾任齐国太仓令。汉文帝十三年（公元前167年），淳于意获罪，被判切断肢体的"肉刑"，要押解到长安受刑。淳于意有五个女儿，缇萦最小。在临行前，淳于意望着五个女儿叹气说："唉，可惜我没有男孩，遇到危难，连个帮手也没有。"几个姐姐都伤心地痛哭，只有缇萦除了悲伤，更有气愤。她想："为什么女儿就没有用呢？"她要陪父亲一起去长安，家里人再三劝阻也没有拦住。到了长安，她托人给朝廷上书说："我叫淳于缇萦，是太仓令淳于意的小女儿。我父亲给国家当差时，齐国人都说他廉洁正直。现在他犯法获罪，按律处以肉刑。我悲伤的是，人死之后不能复生，受刑之后的身体不能复原，以后就是想改过自新，也没有办法了。我情愿进入官府作奴，用身体来替父亲赎罪，好让他有个改过自新的机会。"上书呈送到汉文帝那里，汉文帝怜悯哀叹她的一片孝心，于是下令废除了肉刑。你看，淳于缇萦既勇敢又有智慧。陪父亲去长安，是勇敢；上书所讲的道理，充满智慧。

什么是勇敢？我认为，真正意义上的勇敢必须具备三个条件：第一，勇敢必须以正义为根基。为了个人私欲的铤而走险，不是勇敢，而是亡命。最大的勇敢，是为了国家和民族的利益和前途而忍辱负重，甚至不惜牺牲生命。第二，勇敢需以生存为目的，或为守护自身的生存尊严，或为成全他人的生之希望。面对侵略，"冒着敌人的炮火前进"，是勇敢；为了逃避贫困、痛苦、债务选择去死，不是勇敢，而是怯懦。毕竟，在苦难中顽强求生、直面困境，远比用死亡逃避现实要艰难千百倍。第三，勇敢应当是理性权衡后的智慧抉择。只有当牺牲具备价值、确有必要时，慨然赴死才是值得敬仰的勇敢；若不经思考盲目行动，或因无知无畏而涉险，便称不上勇敢。

勇敢，不是什么都不怕。那些将法律、纪律抛诸脑后，肆意践踏道德底线，全然不顾众人谴责目光的行径，并非勇敢，是不知羞耻。勇敢，不仅表现在生死关头，更表现于日常的工作和生活中。在风险面前，面对别人不敢承担的任务，你勇于承担，是勇敢；在腐败面前，当众人因畏惧而沉默时，你毅然站出来揭露举报，是勇敢；于万马齐喑中，你冲破桎梏发出振聋发聩的声音，是勇敢；在强权的谎言面前，你挺身而出撕开假象、还原真相，更是眼下最为需要的勇敢。亲爱的朋友，倘若有一天，命运将你推至需要"勇敢"抉择的十字路口，你敢于"勇敢"吗？

勇敢，世人共仰；怯懦，人所不齿。勇敢的人，即便在敌人和对手心里，也能唤起敬意；怯懦的人，即便在同道和亲友眼里，也会受到轻视。莎士比亚在其剧作中曾借凯撒的口说："勇士一生只死一次，懦夫在死之前，就已经死过好多次。"

　　关于道德教育的内容还有很多，但是我觉得，对于几岁、十几岁的孩子不可要求过多、过高，能达到以上这几条就非常优秀了。

　　有关道德的文章，自古及今，汗牛充栋，不可胜数。其实，就道德的实质来说，一句话就可以概括，那就是正确地处理自己与他人、个人与集体、个人与国家这三者的关系。说得再简单点，就是12个字：心有他人、心有集体、心有国家。

　　有人说，道德是一种习惯。这话很有道理。我认为，人从道德修养的不同境界来讲，可以分为三个层次：第一，在有监督的时候遵守道德规范、无监督的时候难以遵守道德规范，这是道德修养的低等层次；第二，不管有没有监督，总觉得好像有人在看着自己，不敢越道德的"雷池"半步，这是道德修养的中等层次；第三，根本不考虑有没有人监督，依德行事已经成为习惯，遵守道德规范会体会到幸福和快乐，反之则是痛苦和遗憾，这是道德修养的高等层次。有位记者曾采访一位从火海中救人的英雄，问："你当时是怎么想的？"英雄回答："我没想什么，看到了就冲进火里去了。"这就是道德的最高层次、最高境界。

　　刚开始教育孩子遵守道德规范时，他们可能感到别扭，甚至痛苦；待到形成习惯，他们就会从中得到快乐和幸福。这时，道德就在他们身上扎下了根，开出了花。我们应尽早让道德在孩子身上扎根开花。

第三节　　　　　　　　　　　有知识

　　自人类进入文明社会至今，按照衡量一个民族兴衰强弱的核心要素，社会发展大体可划分为三个时代：第一个时代是劳动力时代。在这个时代，谁拥有的劳动力多，谁就强盛。奴隶社会时期的战争大都是为了争夺劳动力。第二个时代是资本时代。自商业贸易出现之后，人类社会就逐步进入了资本时代。在这个时代，谁拥有的资本多，谁就强盛。此时的战争大都是为了抢占资本，掠夺资源。第三个时代是知识时代，通行的提法是知识经济时代。这个时代的特点是，人才和财富都向知识的麾下聚集，越是拥有世界领先的知识，就越是繁荣昌盛，否则就贫穷落后。

　　随着科技的不断发展和全球化的加速，知识已经成为当今世界最重要的资源之一。在当今时代，要立足、要发展，要繁荣、要富强，就必须拥有领先的知识、领先的科学、领先的技术，否则，即使一时没有落后，有一天也必将落伍。一个国家是这样，一个地区是这样，一个家庭、一个人同样也是这样。比如，前些年，我国苏州生产的电脑鼠标的利润分配情况是：美国公司凭借品牌与技术优势占据利润的20％，分销商和零售商分走37.5％的利润，配件供应商取得 35％的收益，而承担实际生产制造的企业仅能获得 7.5％的利润。苹果手机的利润分配就更让人吃惊。iPhone 4S 开始销售时，有人对其价格做了全面解剖，发现成本只有 1 150 元，而售价却近 5 000 元。其利润按比例分配为：苹果公司拿走利润总额的 58.5％，原材料供应商获得利润总额的 21.9％，屏幕、电子元件等供应商分得利润总额的 4.7％，而代工企业只能得到 1.8％的利润。[①] 苹果公司为什么能拿走 58.5％？因为它拥有知识产权。这就是说，凭借着知识产权壁垒，苹果公司无须投入大量人力物力便能在全球产业链中稳居利润分配顶端。这种模式相较于传统的地主收租、资本家榨取剩余价值的方式，更具隐蔽性与高效性。在尚未掌握领先知识与核心技术的阶段，企业往往只能被动依附于现有国际分工体系，眼睁睁看着自身创造的财富如潮水般流入拥有先进知识的企业。

一个民族、一个国家越是在生产技术活动中的知识生产上处于领先地位，就越是走在世界历史进程的前列。对于个人而言，掌握知识可以帮助我们更好地理解世界，对事物有更深刻的认识。知识可以帮助人们更好地实现自我价值，提高生活质量。"读书无用论"在"文革"中曾一度泛滥。那时我正在学校教书，因为在公开场合只能讲"革命"，不能讲其他，我便在私下里告诫学生，不要让"读书无用论"弄昏了自己的脑袋，蒙蔽了自己的眼睛。搞现代化靠什么？只

---

① 顾骏. 大国方略：走向世界之路[M]. 上海：上海大学出版社，2015：206.

能靠科学，靠有知识的人。谁中了"读书无用论"的毒，谁以后就会吃亏；越是在别人不读书的时候刻苦读书，将来越能成为栋梁之材。几年前一位担任了领导职务的学生感慨："幸亏那时听了您的话。"

当前，知识教育有一种倾向，就是有一些家长，主要是一些家境较好的家长，在指导孩子学习上扎堆儿挤"独木桥"。要去学钢琴都去学钢琴，要去学画画都去学画画，要去攻理科都去攻理科。好像我们这个世界，此时只有这门技艺走运，彼时只有那门技艺吃香。这种指导孩子学习的方式，不仅很可能使孩子从"独木桥"上掉落，而且有可能严重影响孩子的全面发展。

对孩子的知识教育切记要全面，不可偏废。普希金是俄国著名的文学家，但他在作品中犯下了一个可笑的错误。他在《吝啬的骑士》中这样写道：

一位国王有一次命令他的军队
每人抓一把土来堆成一个土丘——
于是，骄傲的土丘耸立起来了，
国王可以从它的高处愉快地望见
被白色天幕覆盖着的山谷，
和那疾驶着轮船的海洋。

对这个"骄傲的土丘"，苏联科普作家别莱利曼做了一个概略的计算。他说，古时候的一支军队不像现在这样庞大，有 10 万兵马就是一支了不起的大军了。即使每个士兵尽量抓一大把土，充其量也不会超过 0.2 升。因此，土丘的最大体积是 2 万升，也就是约 20 立方米。土丘的堆角按 45 度计算（如果再大，土就要向下滑落），土丘的高度仅有 2.7 米，约为人体高度的 1.5 倍。别莱利曼进一步说，据历史学家估计，古代的匈奴王阿提拉一共拥有 70 万大军，即使他的大军全部参加了这个土丘的堆积，土丘的高度也只有 5.1 米。这样的土丘很难被称为"骄傲的土丘"，国王也不太可能从如此矮小的土丘上望见疾驶着轮船的海洋。[①] 普希金的数学基础实在令人不敢恭维。

　　建房讲究打好基础，基础打不好，房屋寿命不会长久。孩子高中以前的知识教育恰似在为人生大厦筑牢根基，需均衡发展，不可偏废。每一门功课都非孤立存在，而是彼此相互关联的，若有薄弱环节，则不仅会阻碍日后深造之路，更会对未来就业产生不利影响。语文堪称基础中的基础，其重要性不言而喻。无论将来从事何种职业、钻研何种学问，都离不开语言表达与文字书写。语文功底不好，开口讲不清楚，动手写不明白，如何深造，怎么做事？学语文没有捷径可走，就是要多读、多记、多看、多想、多写，最好从小养成写日记的习惯，每日记录生活感悟、所思所想，日积月累，语文素养自然会稳步提升。数学也是关键的基础学科，无论将来学文还是学理，数学都必不可少。语文学习重在记忆积累，数学学习则贵在理解通透。要学好数学，唯一的"窍门"就是从一开始就不放过任何一个难点，哪怕是看起来微不足道

---

① 　别莱利曼. 趣味几何学［M］. 北京：中国青年出版社，2008：133-135.

的小问题。因为学语文时个别字词不懂，对其他字词影响不大；而数学就不同了，如果放过了一个难点，这个难点就会一变二、二变四，如同滚雪球一般，衍生出更多复杂问题，最终形成知识漏洞。在学好语文、数学的同时，对其他科不能放松，要齐头并进。因为要想成为科学家，不通晓地理、历史知识，便难以在研究中把握宏观规律、汲取前人经验；想成为文学家，若对物理、化学一窍不通，笔下的作品便会缺失科学的严谨与生动；即便无意成为某一领域的专家，只想做个普通人，也需掌握生活与工作中的必备知识，方能在社会中立足，从容应对各种挑战。

第四节　　　　　　　　　　　　　　　　　　　　有能力

　　知识，是人们在改造世界的实践中所获得的认识和经验的总和，说某人有知识，就是说他知道什么，懂得什么；能力，是一个人完成某项任务或达成目标所必备的主观条件，是将认知转化为实践的关键要素，说某人有能力，就是说他能做什么，会做什么。有能力的人必定有知识，有知识的人未必有能力，正像会游泳的人必定懂游泳，而懂游泳的人未必会游泳。一个人要生活于世，要干一番事业，不仅要有知识，还必须有能力，无法运用于实践的知识，是一无所用的知识。能力可分为三种：一是生存能力，二是合作能力，三是创新能力。

一、生存能力

　　所谓生存能力，就是自我供养、自我服务、独立谋生的能力，集中展现为对恶劣环境的适应能力，以及在困境中主动破局的应变智慧。俗话说"穷人的孩子早当家"，为什么？因为穷人家的孩子干活多、动手多、吃苦多，日久天长积累了经验，有了智慧，以后遇到困难便有能力克服。穷人的孩子当家的本领是在无数次跌倒中锻炼出来的。而被精心呵护的孩子，自己很少甚至根本不动手，一旦遭遇困难便会手足无措，只能依赖他人帮助，而这种过度依赖又会进一步弱化其自主能力，形成恶性循环。因此，若想避免孩子沦为缺乏独立生存能力的"温室产物"，必须自幼注意培养他们的生存能力，引导他们坦然地面对困难，冷静地分析情况，理性地权衡得失，巧妙地寻找解决办法，失败后适时调整策略并毫不气馁地进行新的尝试。

　　美国费城纳尔逊中学门口有两尊雕塑，左边是一只苍鹰，右边是一匹奔马。雕塑不是我们想象中的代表鹏程万里和马到成功：鹰，是一只被饿死的鹰；马，是一匹被剥了皮的马。那只苍鹰，为了实现飞遍世界的伟大理想，练就了各种高超的飞行本领，但是没有学会觅食，结果只飞了四天就活活地饿死了。那匹马，嫌它的主人磨坊老板安排的活多，就乞求上帝把它换到农夫家；到了农夫家，又嫌农夫给的饲料少，然后到了皮匠家；在皮匠家，它不用干活，饲料又多，好不惬意，然而没过几天，它的皮就被剥下来做了皮料。人和动物一样，必须首先学会生存，然后才能谈及理想。一个人如果缺乏起码的独立生存的能力，无论才华多高、其他方面的能力有多大，也都无法实现自己的理想。

著名儿童教育家陈鹤琴曾针对家长对幼儿照料过度的现象提出了"最好只做'一只手父母'"的理念。育儿是帮助孩子从完全依赖他人到走向独立的照护过程。婴幼儿刚出生时需要大人的呵护和照料，但随着年龄的增长和能力的提高，假如家长不能及时调整照护方式，仍是处处保护、事事包办，过分干涉他们的行为，则对孩子的成长是极为不利的。从短期来看，包办一切让孩子更安全、舒适，甚至让家长更省力。然而，这种过度照护的方式如同在孩子与真实社会之间筑起一道无形的高墙，在为孩子营造了一个安逸环境的同时，也让他们逐渐产生依赖心理，无形中剥夺了孩子在动作、语言、认知、情感等方面的发展机会，导致孩子抗挫折能力差，人际交往能力不足，进而影响他们的学习能力和社会适应能力。当这些被过度照护的孩子最终不得不离开父母的羽翼时，往往会面临诸多现实问题，容易陷入自卑、无助、自我否定的心理冲突之中，最终难以真正融入社会，实现自我成长与发展。

有个这样的故事：早春时节有人从郊外的草丛中捡到一只蝶蛹，他小心翼翼地把它装进口袋，带回家中。过了段时间，蝶蛹里面开始有了动静，里面的幼蝶把蛹壳拱开了一条小缝。可是，那幼蝶太娇嫩、太弱小了，苦苦挣扎了好长时间也没有出来。于是他找来剪刀，小心翼翼地把蛹壳剪开，帮助幼蝶从壳中挣脱出来。然而，幼蝶虽然出壳了，但翅膀软弱无力，根本飞不起来，没过几天就死掉了。原来，幼蝶必须在茧壳中经过一番磨砺，直到翅膀锻炼得足够强壮，依靠自己的力量破茧而出，方能拥有展翅而飞的能力。这是一种锻炼，是生命之中必不可少的一个过程。缺少了这个过程，它便丧失了生命力，永远也飞不起来了。蝴蝶是这样，人也是这样。

　　我还读过一篇关于"鱼缸法则"的故事，讲的是在一家公司办公室门口摆着一个晶莹剔透的鱼缸，鱼缸里游动着十几条热带鱼。它们长约三寸，脊背绯红，很是漂亮，进进出出的人几乎都会因为这些鱼而驻足停留。两年过去了，鱼儿们的个头似乎没有什么变化，依旧三寸来长，在小小的鱼缸里游刃有余地游来游去。这一天，董事长顽皮的小儿子来找父亲，看到这些小鱼，很是好奇，非常兴奋地试图去抓一只出来。不想鱼缸被他从桌子上推了下来，碎了一地。鱼儿们也都摔在地上奄奄一息。人们急忙把它们捡起来，但是鱼缸碎了，把它们安置在哪呢？人们环顾四周，发现只有院子里的喷水池可以做它们暂时的栖身之所，于是把它们放了进去。两个月后，新的鱼缸购置到位。人们到喷水池边捞那些小鱼，却惊讶地发现，仅仅两个月的时间，鱼儿们竟然都长到了一尺有余。"鱼缸法则"告诉我们，每个孩子都是一个独立的个体，随着孩子的成长，家长要学会逐渐放手，有意识地培养孩子的自理能力、动手能力，给孩子更多的自由和充分的成长空间。

二、合作能力

合作能力是指与他人、集体和谐交往、携手并进的能力。良好的合作能力可以使自己清晰地向别人表达自己的思想，并获得理解；也可以有效地向别人表达自己的意见，并得到别人的支持。反之，合作能力较差的人常常会被误解，甚至可能受到伤害。总之，合作能力良好有利于个人发展，而缺乏这种能力则会对个人发展产生不利影响。

曾在一篇文章中读到这样一个故事：张某大学毕业后到一个大公司应聘，他乘上了一部繁忙的电梯。轿厢内人与人几乎贴身而立，张某想要按下目的楼层，可按钮远在数人之外。他艰难地伸长手臂，这一举动使得身旁几位乘客不得不调整姿势，轿厢内一时出现了小小的骚动。此时，同在电梯内、与张某素不相识的公司人力资源总监主动询问他要去几层，他说"9层"，一位热心人帮他按下了按钮，然而他连声"谢谢"也没说。最终，张某没被这个公司录用。当被问及原因时，总监说："他不懂得开口求助，也不懂得感恩。这种缺少合作精神的人，很难与他人合作。"其实，类似的情景在日常生活中屡见不鲜，几乎在日常生活的每个场景中都可能遇到，如在公交车上，在拥挤的门口，排队购物时等。

培养孩子的合作能力，第一，要让他们懂得合作的重要性，理解"三个臭皮匠，顶个诸葛亮"这类古谚背后的智慧；第二，要使他们懂得任何人都有自己的优缺点，要多看他人的优点，少看他人的缺点，向别人的优点学习；第三，要使他们明白，自己和别的人一样，有优点，也有缺点，杜绝盲目自负心理；第四，要培养他们诚实、坦荡的品格，伤害别人时要勇于承认错误并承担后果；第五，要引导他们掌握与他人相处的方法，虚心听他人讲话，不随意打断或争抢话语权，尽量多给他人提供帮助，少给他人增添麻烦。

所谓合作能力，说得简单点，无非两个方面：一是和他人相互沟通、理解的能力，二是和他人相互帮助、一起共事的能力。这里的关键是与他人的沟通。沟通分为准确的沟通和良好的沟通。让对方准确把握你所要表达的本意，是准确的沟通，但未必是良好的沟通。"占理不讲礼"的沟通不是良好的沟通，"有理又有礼"的沟通才是良好的沟通。

三、创新能力

所谓创新能力，就是打破常规，有所进步、有所创造、有所发明，从而领先他人的能力。孙中山先生说："世界潮流，浩浩荡荡，顺之则昌，逆之则亡！"面对 21 世纪的挑战，我们缺少的不是知识，也不是刻苦的精神，而是创新的能力。中国在 2010 年就已成为世界第二大经济体，我们的学习能力强，对已有知识掌握快，还善于模仿并加以改进，创造了经济高速发展的"奇迹"。但是，我们仍然存在原始创新能力差、大而不强的问题。当前的教育方法，如死记硬背、大量做题、反复练习，虽然能提升考试成绩和技能熟练度，却难以培养创新和创造力。2009 年，教育进展国际评估组织对全球

21 个国家进行的调查显示，中国孩子的计算能力排名第一，想象力却排名倒数第一，创造力排名倒数第五。在中小学生中，认为自己有好奇心和想象力的只占 4.7%，而希望培养想象力和创造力的只占 14.9%。①

2016 年 5 月，中共中央、国务院印发《国家创新驱动发展战略纲要》，提出了实施创新驱动发展战略的目标：第一步，到 2020 年进入创新型国家行列；第二步，到 2030 年跻身创新型国家前列；第三步，到 2050 年建成世界科技创新强国，为我国建成富强民主文明和谐的社会主义现代化国家、实现中华民族伟大复兴的中国梦提供强大支撑。这是高瞻远瞩的战略部署，是使国家走向繁荣富强的必由之路。党的二十大报告在全面建成社会主义现代化强国的"两步走"战略安排中明确指出，到 2035 年，实现高水平科技自立自强，进入创新型国家前列，建成科技强国。

在科技进步日新月异、国际竞争日趋激烈的今天，要跟上时代的步伐，做到与时俱进，除了提高自身的创新素质和创新能力，别无他途。一个人具有创新精神和创新能力主要体现在以下几个方面：

一是高度的责任感，追求真理。崇尚科学、热爱真理、追求进步的品质是创新的根本动力，是创新人格的核心要素，决定了创新人才成长的动力、目标与价值导向。培养孩子的

---

① 调查称中国孩子想象力最差 传统教育扼杀创造力[EB/OL]．(2010-08-05)[2024-12-16]. http://news. sohu. com/20100805/n273998384. shtml.

创新精神和创新能力，首先要培养孩子的创新人格。正如爱因斯坦所说，对于一个纯粹的科学家来说，对人类自身命运的关注，从来都必须成为一切工作的目的。要教育孩子把服务于民族的进步、国家的发展，服务于人类社会的整体利益作为创新活动的出发点和根本归宿。只有这样，才能最大限度地挖掘孩子的创新潜能，激发孩子追求真理、献身科学的持久热情。

二是坚定的信心，锲而不舍。创新的前提是自信，创新的敌人是自卑。只有自信的人，才产生创造的愿望和意识。世界上凡是有所创新、有所创造的人，都是信心十足的人，否则就经不起挫折和失败的打击。因此，要想创新，首先必须点燃自己心中创新的烈焰，相信"我能行"。

三是浓厚的兴趣，勇于探索。兴趣就是"咬住不放""纠缠不休"。兴趣是最好的老师，缺乏兴趣的人，很难在某一领域实现创新突破。苹果落地，千千万万人看到，只有痴迷于物理研究的牛顿由此提出了万有引力定律。要培养孩子的创新能力，必须从小就激发他们的创新兴趣，使他们感受到自己的智慧和力量，乐于创新，勇于创新。

四是怀疑的精神，突破束缚。在创新活动中，摆脱传统观念的束缚往往是一个先决条件。可以说，质疑权威、挑战传统理论、对固有结论与规范提出疑问，是开启创新之门的钥匙。爱因斯坦曾说过，提出一个问题比解决一个问题更重要。有位小学教师向英国大哲学家罗素请教说，德国的小学教科书说打败拿破仑完全是德国人的力量，英国的小学教科书说打败拿破仑是英国人的力量，应该怎样给学生讲授呢？罗素回答他，把两种教科书放到一块儿让学生来读。这位教师担心地说，这样做到底让孩子相信什么呢？罗素说，你教的学生怀疑了，你的教育就成功了。世界上许多发明创造都源于"疑问"，没有疑问就没有发明创造。因此，对于孩子的好奇与疑问，即使非常幼稚可笑，也不能轻易地否定，更不能讽刺和挖苦，而要给予鼓励，耐心释疑，借疑问促探索，借探索促发现，借发现促创新。教育孩子，不是通过传授知识来消灭问题，而是通过传授知识引发更多的新问题。

五是大胆的想象，勇敢去做。想象是人脑在表象的基础上加工改造成新的形象的心理过程。爱因斯坦说，想象力比知识更重要，因为知识是有限的，而想象力概括着世界的一切，推动着进步，并且是知识进化的源泉。想象是创造的基础、创造的翅膀。没有想象就没有创造，就没有创新，有了丰富的想象，创造、创新的能力才能得到更好的发挥。不要认为想象只有天才们才能办到，世界上每个人都有想象的潜能。家长和老师的任务就是为孩子创造激发这种潜能的氛围，鼓励他们大胆地去想，大胆地去说，大胆地去做。

六是持久的学习，涉猎百科。学习是创新的基础。研究表明，创新通常源自三种情况：一是对某一领域反复研究后得出新的结论，如沙里淘金；二是跨学科交叉产生新成果，如火柴与火柴盒擦出火花；三是因学识扩展而渴望变革。由此可知，创新不论源自哪种情况，都离不开学识，学识越是渊博，越容易产生创新的冲动。因此，要创新，必须学而不厌，持之以恒，不断地充实自己，提高自己，在不断学习和掌握新知识、新技术的基础上，创造出自己的东西。

第五节　　　　　　　　　　　　　　　　　　　有纪律

纪，左边是"绳子"，右边是"自己"；律，是规则；纪律，就是用规则的绳子约束自己。用词典上的话说，纪律就是为了维护集体利益并保证工作的正常进行而制定的要求每个成员遵守的规章、条文。

有个这样的童话。玻璃对窗框说："你限制了我的自由，使我只能在你定下的小框子里活动。我要摆脱你的管束。"窗框对玻璃说："亲爱的朋友，你错了。我定下的框子是为了保护你的安全，让你在我的保护下活动。"玻璃哈哈大笑，说："你不要花言巧语，你的话全是谎言。我一定要摆脱你的管束。"正在争论中，风呼啸而至。玻璃向它哀求："风妈妈，救救我吧，让我摆脱窗框，获得自由。"风张开大嘴，对着窗框使劲地一吹，"哐当"一声，玻璃摆脱了窗框，落到地上，然而，它已粉身碎骨，断了气息。窗框是对玻璃的约束，也是对玻璃的保护；离开了窗框，玻璃不要说自由，连性命都没有了。

纪律与自由，好像对立，实则彼此依存、相辅相成。我们生活于文明社会，既享受文明社会的自由，又必须遵循文明社会的纪律法规，纪律法规越完善，自由的空间就越大。试图脱离纪律法规的约束，纯粹地追求无边界的自由，终究是不切实际的空想。一个国家如果没有纪律法规的约束，社会秩序将瞬间崩塌：官吏可能凭借权力肆意妄为、草菅人命、贪赃枉法、鱼肉百姓；民众也会陷入无序的纷争，相互掠夺、暴力相向。据研究，即使动物的群体，如猴群、狼群，也有各自的纪律，违反了纪律的个体要么被驱逐，要么被杀死。

我国有句古话："没有规矩，不成方圆。"意思是说，无论做什么事都要遵循一定的规矩，否则就什么也做不成。对国家、社会来说，这规矩就是法律法规；对集体、个人来说，这规矩就是纪律。作为国家公民和社会成员，人人都必须遵守法纪，维护法纪。孩子作为未来社会的建设者，更应从小树立牢固的法纪意识，学法、懂法、守法，既能运用法律武器保护自身合法权益，又能自觉约束行为，不损害他人与社会利益。只有从小养成遵纪守法的好习惯，长大后才能成长为德才兼备、对社会有积极贡献的合格公民。

为增强孩子的纪律意识，在家庭教育上，有三种不良倾向应引起注意并予以纠正：第一种是溺爱型教育。现在的孩子不少从小娇生惯养。无原则的宠溺容易让孩子养成唯我独尊的性格，缺乏规则意识与自我约束能力，长此以往，甚至可能走上违法犯罪的道路。第二种是高压型教育。部分家长出于对孩子学业的焦虑，采取强制手段安排学习计划，迫使孩子超负荷学习。这种高压型教育不仅难以让孩子真正"听话"，反而会激发其强烈的逆反心理，严重者甚至选择离家出走，以极端方式逃避压力。第三种是放任型教育。有些家长因为工作忙，无暇顾及孩子的学习与生活，在这种环境下成长的孩子难以形成基本的规则意识，极易受不良因素影响，甚至误入歧途。

纪律意识是为人处世不可或缺的意识，更是在危难时刻彰显人性光辉与责任担当的意识。中国人民志愿军一级英雄邱少云便是严守纪律的不朽丰碑。1949 年，邱少云投身中国人民解放军，1951 年毅然加入抗美援朝的志愿军队伍。1952 年 10 月 11 日，他和全排战友奉命于夜间潜伏在距敌 60 米的山脚，从头到脚都披挂着野草，等待次日傍晚配合大部队发动进攻。第二天 11 时左右，一颗燃烧弹突然落在邱少云潜伏点附近，草丛立即燃烧起来，火势迅速蔓延到他身上。邱少云身后就是一条水沟，只要他后退几步，就势一滚，就可在泥水里将火苗扑灭。但为了不暴露目标，确保全体潜伏人员的安全和任务的完成，他放弃自救，咬紧牙关，强忍剧痛，任凭烈火烧焦头发和皮肉，直至壮烈牺牲。他用一腔热血锻造着一名军人对祖国和人民的无限忠诚，成为人民军队严守战场纪律的光辉典范。

第六节　有好的身体

德智体美劳，身体健康是基础。持续提升孩子的身体素质，不仅关乎其一生的幸福、家庭的美满和谐，更对中华民族的繁荣稳定、国家的可持续发展有着深远意义。为了保障母婴健康，提高儿童身体素质，国家于 1992 年颁布了《九十年代中国儿童发展规划纲要》，1995 年 6 月施行了《中华人民共和国母婴保健法》，2001 年 6 月发布了《中华人民共和国母婴保健法实施办法》（该办法于 2017 年、2022 年和 2023 年进行了三次修订）。在党和政府的高度重视以及人民生活水平不断提升的背景下，儿童健康状况整体向好，但仍存在一些不容忽视的问题。一是"小胖孩"有增无减。2021年，教育部一项针对 115 万余名在校学生体质健康的抽测数据显示，全国学生体质健康不及格率总体呈下降趋势，但肥胖相关数据却不断上升。其中，2020 年我国大学生肥胖率为 5.5%，中小学生则超过 10%。此外，体质健康不及格率随着年级（年龄）增高而增大——小学生体质健康不合格率为 6.5%，初中生为 14.5%，进入大学这一比率达到 30.0%。[①]二是近视率居高不下。国家卫生健康委发布的 2018 年青少年近视调查结果显示，中国儿童青少年总体近视率为 53.6%。2018 年，上海市的近视调查数据显示，儿童青少年总体近视率为 56.6%，其中 6 岁儿童近视率为 8.4%，小学生近视率为 35.5%，高中生近视率高达 84.4%，其中高三学生高度

---

① 楚超. 教育部学生体质健康调查：年级越高, 体质越差, 中小学生肥胖率超过 10%[EB/OL]. （2021-05-07）[2024-12-20]. https://mp. weixin. qq. com/s/2sauxZZ1Fxt-LSuh19fUlw?.

近视率23.4%。① 三是儿童性早熟。儿童性早熟是指男童9岁前、女童8岁前出现第二性征发育的异常性疾病。随着生活条件的不断提高、社会环境的改变等，儿童性早熟发病率不断升高。上海2018年1月至2019年12月对金山区10所小学6～9岁年龄段学生进行的体格检查和问卷调查发现，在6 921名儿童中，诊断为性早熟的儿童有96例，筛出率为1.39%，男童和女童性早熟粗发病率分别为0.32%和2.66%。② 四是不少孩子存在心理疾患。2021年10月公布的"中国儿童青少年精神障碍流行病学调查"结果显示，全国儿童青少年整体精神障碍流行率为17.5%，其中重型抑郁障碍占2.0%。③ 造成以上这些问题的原因主要有膳食搭配失衡、生活习惯不良、户外活动过少、教育方法不当。仅以生活习惯中的看电视、玩电脑为例，如果时间过长，会严重影响孩子的视力、听力、心理和智力。

怎样保证孩子的身体健康？以下是一些专家给出的建议，供家长们参考。

---

① 左妍. 上海儿童青少年总体近视率高于全国平均水平！沪发布国内首个中小学生视力筛查规范[EB/OL].（2019-09-06）[2024-12-20]. https://shanghai. xinmin. cn/xmsq/2019/09/06/31581406. html.

② 杨雄. 家庭教育指导新编教程[M]. 上海:上海人民出版社,2022:173.

③ 世界精神卫生日|中国儿童青少年精神障碍流行病学调查发布[EB/OL].（2021-10-10）[2024-12-20]. https://news. cctv. com/2021/10/10/ARTIDNQnxo9bx4rYcRdu2J00211010. shtml.

一、关注孩子的生长发育

判断孩子生长发育的状况，最简单、最可靠的指标是体重和身高。体重是反映近期营养状况的敏感指标，身高是反映较长时间内营养状况和骨骼生长速度的指标。

孩子的生长发育在不同的年龄阶段呈现显著差异，存在两个生长高峰期。第一个高峰期是自出生到3岁。初生婴儿平均体重约3千克，平均身长约50厘米；到1岁时平均体重约9千克，平均身长约75厘米；之后，一直到3岁会持续稳定地生长，身高每年增加6厘米左右，体重每年增加约2千克。第二个高峰期在青春初期（女孩从10～11岁开始，男孩从12～13岁开始）。在青春期的头3年，女孩身高每年可增长5～7厘米，男孩可增长7～9厘米，体重每年增加5～6千克。

孩子的生长发育受内在和外在两种因素的影响，内在因素包括遗传、性别、内分泌，外在因素包括母亲孕期健康状况、营养供应、生活环境等。由于幼儿身体及各器官功能尚不完善，极易受不良因素的影响而引起疾病或干扰生长发育，因此定期进行健康检查十分重要。1岁以内要每3个月检查1次，1～3岁要每半年检查1次，3岁以后每年至少检查1次。及时检查，有异常可及时发现、及时矫治，确保孩子身体健康。

幼儿期是孩子成长的黄金阶段，在此期间，孩子的语言表达与肢体动作进入快速发展期，大脑皮层功能持续优化，智力活动愈发活跃，堪称塑造认知与能力的"造型期"。因此，这一时期要培养幼儿良好的生活卫生习惯和独立活动的能力，发展语言和思维能力，培养爱学习的良好习惯，特别要重视早期教育和智力开发，但在早期教育中要避免幼儿负担过重。另外，要培养幼儿对游戏及各种体育活动的兴趣，发展基本动作，培养想象力和创造力，提高机体的功能，增强幼儿体质，促进幼儿生长发育。幼儿对疾病的抵抗力虽已增强，但由于活动范围拓宽，与外界环境的接触日益增多，接触病菌与危险因素的概率大幅增加，所以应积极预防各种传染病及意外事故的发生。同时，还要做好幼儿的心理卫生保健工作。这一时期，家庭和幼儿园的教育起着重要的作用。家长应与幼儿教师密切联系，共同配合，全方位做好幼儿的教育与卫生保健工作，为幼儿的健康成长保驾护航。

二、保证孩子必需的营养

人体维持生命活动所必需的营养素包括蛋白质、脂肪、碳水化合物、维生素、无机盐和水六大类，其中蛋白质、脂肪、碳水化合物能够为人体提供热能。处在生长发育阶段的孩子新陈代谢旺盛，对能量和营养素的需求量较高，只有充分满足这些需求，才能确保孩子正常生长发育。

膳食是人体获取营养的主要来源。由于不同食物所提供的营养素和热能不同，科学合理地搭配各类食物，能让孩子充分吸收所需营养。膳食一般由四种基本成分组成：① 谷类或根茎类食物，作为主食，是热能的主要来源；② 动植物蛋白，如肉、奶、蛋、豆类及其制品，提供优质蛋白质；③ 蔬菜和水果，提供维生素和无机盐；④食用油及糖，满足热能需要。俗话说"早餐要吃好，午餐要吃饱，晚餐要吃少"，很有道理。早餐热量应占全天热量的 30％～35％，午餐占 40％，晚餐占 25％～30％。对于幼儿和学龄前儿童，除了每天三顿主餐，可在早、中餐和中、晚餐之间适当加餐，如糕点、牛奶等。

要培养儿童良好的饮食习惯，吃饭要定时、定量，不偏食，不择食，尽量少吃零食，尤其是含糖的零食、冷饮。要加强膳食管理，食品以蔬菜、水果、米饭、面食为主，搭配适量的优质蛋白质，确保营养均衡全面。

三、重视孩子的体格锻炼

体格锻炼可提高孩子对自然环境的适应能力，减少患病概率，保持健康，促进生长发育。体格锻炼的方式要因年龄而异。小儿出生后衣着要适宜，避免过暖；室温要适宜，冬季也不必过高；用冷水洗脸洗脚，可锻炼幼儿的抗寒能力，此方法四季皆宜，夏季还可进一步尝试用冷水擦洗身体的上半部。注意室内通风换气，使空气流通、新鲜，寒冷季节可定时开启小气窗，并避免幼儿直对窗口。户外活动对于孩子的身体发育和健康非常重要，应合理安排户外活动时间，让孩子接触自然和阳光，有助于提高免疫力，提升运动能力。儿童青少年每天应保持 2 小时以上的户外活动。

游戏是孩子成长不可或缺的部分，不仅有助于其身体发育，还能有效锻炼思维、想象、观察和动作协调能力，培养机智、勇敢的品格；集体游戏可以培养孩子团结友爱的精神和组织纪律性。家长应积极参与孩子的游戏过程，增进亲子情感交流。体操能够全面锻炼肌肉、关节与肢体协调性，适合各个年龄阶段的孩子。

体格锻炼必须遵循科学规律进行，运动过量和方式不当会适得其反。体格锻炼应遵循的原则如下：① 循序渐进的原则。幼儿的肌肉、骨骼、心血管、呼吸、神经等系统在构造和功能上尚未成熟，锻炼时要充分考虑其生理特点，循序渐进。以冷水锻炼为例，可从夏季冷水擦洗开始，逐步过渡到冷水冲淋，最终尝试冷水水浴，避免因强度骤增给幼儿身体带来负担。② 持之以恒的原则。持续的锻炼能使孩子大脑皮层建立起相应的条件反射，当周围环境发生变化时，能灵活、准确地调节有关器官，迅速地作出反应。如果锻炼中断，这种条件反射就难以建立，也就达不到增强体质、预防疾病的目的。所以，锻炼一经开始，除生病等特殊情况外，一般不要随意停止。③ 个别照顾的原则。孩子之间在体质、能力等方面存在差异，组织锻炼时应注意给予个性化照顾，如对体质较弱的孩子可在时间、强度、温度、服装等方面予以适当调整，对胆小的孩子要多给予保护和鼓励。④ 全面锻炼的原则。体格锻炼的目的在于全面提高孩子的身体素质，并非培养体育尖子，因而要避免单一重复和局部的训练，各种锻炼方式应综合进行。

四、合理安排孩子的生活作息

习惯的养成源于长期的坚持与重复。要根据孩子的年龄和生理特点，合理安排一天中学习、休息、进餐、睡眠的时间和顺序，使孩子养成按时学习、定时进餐、规律作息的良好习惯。在孩子的成长过程中，合理的作息时间对于他们的健康成长至关重要，有助于他们获得充足的睡眠、健康的饮食和适量的运动，从而保持身心健康。因此，家长和教育者应充分了解孩子的生物钟特点，制订合理的作息计划，为孩子的健康提供保障。

充足的睡眠对于孩子的生长发育和学习至关重要。根据专家建议，不同年龄段的孩子需要的平均睡眠时间如下：学龄前儿童（3～5岁）每天睡眠11～13小时，小学生（6～12岁）每天睡眠9～11小时，中学生（13～18岁）每天睡眠8～10小时。家长应该确保孩子有足够的时间用于睡眠，并尽量保持固定的睡眠时间；打造一个安静、舒适的睡眠环境，减少噪音等因素的干扰，帮助孩子更好地入睡。

除了保证充足的睡眠，合理分配学习和休息时间同样重要，应根据孩子的年龄和学习难度科学划分学习与休息时长。在休息时间，鼓励孩子们参与户外活动、阅读、听音乐等，以放松身心，更好地恢复精力。

总之，规律的作息习惯是儿童健康成长的重要支撑。家长应密切关注孩子的日常行为，以科学的方式安排作息，帮助孩子在规律作息中收获健康与活力，为未来发展奠定坚实基础。

五、关注孩子的心理健康

全世界的人群死亡原因和疾病谱的重大变化显示，与生物、心理、社会原因有关的疾病发生率在不断上升并成为主要死因。另外，精神疾病的发生率也逐年上升。近年来，儿童青少年心理健康问题受到愈加广泛的重视，2021 年教育部明确将抑郁症筛查纳入学生健康体检内容，要求到 2022 年底基本建成有利于儿童青少年心理健康的社会环境，形成学校、社区、家庭、媒体、医疗卫生机构等联动的心理健康服务模式。

心理健康是孩子健康不可或缺的重要组成部分，也是最容易被家长忽略的部分。心理健康主要涵盖以下维度：① 正常的智力；② 积极的情绪；③ 良好的性格；④ 人际关系和谐，乐于交往；⑤ 有追求、有情趣、观察细致、思考深刻、做事注意力集中；⑥ 没有心理疾病。心理健康是相对的，不能要求孩子在所有时间都完全契合上述标准。

孩子的心理状态极易受到外界环境因素的影响，其中家庭、学校等成长环境发挥着关键作用，而家长的影响尤为深远。家长是孩子的第一任老师，为了给孩子创造一个良好的家庭环境，家长必须注意：① 家庭成员之间应友爱、包容、和睦相处，否则将给孩子带来心理压力，造成心理创伤；② 家长要在观念、作风、习惯、品德、言行等方面做孩子的表率；③ 家庭成员对孩子的教育方法要一致，意见要统一；④ 家长对孩子的期望要符合孩子的实际；⑤ 避免过度溺爱孩子；⑥ 鼓励和帮助孩子多接触社会，多接触大自然；⑦ 经常和孩子进行思想感情的交流。

六、科学预防常见疾病

对于孩子来说，龋齿、近视、肥胖是最为常见的三大健康问题，需重点关注并积极预防。

一是龋齿，俗称"虫牙"。据 2017 年第四次全国口腔健康流行病学调查结果，5 岁年龄组乳牙龋患率 70.9%，12 岁年龄组恒牙龋患率 34.5%。预防龋齿的方法有：① 注意口腔卫生。应从小培养孩子饭后漱口和睡前刷牙的习惯，以便及时清除口腔内的食物残渣和细菌。刷牙时选用儿童专用保健牙刷和含氟牙膏，采用竖刷法，顺着牙缝清洁，避免横刷损伤牙釉质。② 多晒太阳，注意营养。母亲孕期就要注意钙、磷的摄入量。在孩子成长阶段，合理搭配膳食，多晒太阳，以保证牙齿正常钙化，提升牙釉质的抗酸能力。③ 定期进行口腔检查，早发现早治疗。乳牙龋齿若不及时处理，会引起牙周组织炎症，影响恒牙发育；乳牙因龋齿而过早缺失，还会影响到恒牙的正常排列。因此，乳牙龋齿也应早治。

二是近视。当前，我国儿童青少年近视呈早发、高发态势，已经成为影响孩子健康和全面发展的突出问题。近视可防可控不可逆，要做到早预防、早发现、早干预。预防近视的方法有：① 培养良好的用眼习惯。一是读写做到"三个一"，即眼离书本一尺，胸距书桌一拳，手离笔尖一寸，杜绝躺卧、行走或乘车时看书。二是坚持"20-20-20"原则，即每近距离用眼 20 分钟，向 20 英尺（约 6 米）外远眺 20 秒以上。② 改善室内采光和照明条件，保持光线适度。白天充分利用自然光线进行照明，同时要避免阳光直射；晚上除开启台灯照明外，还应使用适当的背景光源。③ 合理调配膳食，保证营养均衡，多摄入鱼类、蛋类、乳类、豆制品等食物，多吃新鲜水果蔬菜，做到饮食多样化。④ 保持正常的昼夜节律和充足的睡眠。⑤ 定期检查视力，最好每半年一次，发现异常后及时矫正。

　　三是肥胖。因过量的脂肪储存使体重超过正常 20％ 以上的营养过剩性疾病称为肥胖症，超过标准体重 20％～30％者为轻度肥胖，超过 30％～50％者为中度肥胖，超过 50％ 以上者为高度肥胖。肥胖不仅会导致行动不便、体态不佳，还可能引发扁平足等健康问题，延续至成年后，更易诱发高血压、心脏病、糖尿病等疾病；同时，孩子可能因体型被取笑，产生孤独感、自卑感，影响社交与心理健康。所以，家长要帮助孩子加以预防。首先，把控饮食量。从出生到 1 岁时，体内脂肪的增长速度很快，在这期间需避免过度喂养。其次，增加活动量。对孩子来说，不光要吃好睡好，还要有一定的活动量，吃好睡足不能代替运动。应保证每日充足的活动量，避免热量摄入大于消耗。最后，降低遗传的影响。家长若存在肥胖问题，更需为孩子提供低脂低糖、营养均衡的饮食，同时鼓励孩子多参与运动，降低孩子患肥胖症的风险。

第四章

怎样托起明天的"太阳"
——教育孩子的方法

谁都期望孩子这个明天的"太阳"是红彤彤、暖洋洋、给人带来幸福的太阳,而不是热辣辣的太阳,也不是被雾霾、沙尘遮蔽得昏沉黯淡的太阳。但是,要成为红彤彤、暖洋洋、给人带来幸福的太阳,需要家长和老师的托举,而且这个托举并非易事,不是人人都能胜任的。究竟怎样托举才能让"太阳"不辜负期待呢?本章将围绕几种关键方法展开深入探讨。

第一节　　　　　　　　　　　　　　　　为孩子立规矩

孔子说:"不学礼,无以立。"意思是说,一个人如果不学礼,不懂得礼貌、规矩,就难以在社会中立身行事。国家有法规,单位有纪律,家庭也要有规矩,即家规。那些人才辈出的家庭，家长的文化程度不一定高，财富不一定多，却必定有一套严慈相济的家规；反之，有些家庭地位显赫、家财万贯、高朋满座，子女却不肖，原因大都无他，家规松弛而已。一个人从小不懂规矩，长大后就难以遵纪守法，甚至有可能走上犯罪的道路，这样的先例俯拾皆是。所谓"养不教，父之过""没有规矩不成方圆"，就是这个意思。

家庭教育的智慧往往藏在生命最初的互动里。有位母亲讲，她的两个儿子满月后都基本没尿过床，秘诀源自"定时把尿"的早期规矩建构。刚开始，她发觉孩子要撒尿时就抱起来把尿，慢慢地，孩子想撒尿时就躁动不安，向她传递信息，于是她和孩子之间便有了默契。这就是母亲无声的语言传授给孩子的规矩。这位母亲还讲，两个儿子出生后什么时候喂奶、什么时候睡觉、什么时候玩耍，大体都有个定时（规矩）。

随着孩子年龄的增长，要不断地给他们立一些新的规矩。例如，会说话以后，告诉他们不要骂人；会走路以后，告诉他们不要和小朋友打架。再大一点，就要告诉他们：要讲卫生；要尊敬长辈，爱护弟弟、妹妹；不要随便拿别人的东西；不要闹着买零食、买玩具；等等。等到孩子能做些自我服务的事情时，就要求他们自己吃饭，自己穿衣服，做些力所能及的家务活。上学后，除要求他们严格遵守学生守则、学校纪律以外，还要继续教给他们一些必须遵守的规矩，因为有些规矩老师未必会教。

给孩子立规矩，要注意以下几点：第一，要明明白白。

应该做什么、不应该做什么，应该怎么做、不应该怎么做，要让孩子一听就懂。第二，不要太严太细。要考虑孩子的天性，严得他们感到可怕，细得他们无法做到，反而对他们的成长不利。第三，立规矩要和孩子讨论商量。讨论商量的过程既是启发孩子开动脑筋思考问题的过程，又是对孩子教育说服的过程，还是培养孩子民主意识的过程。第四，规矩一旦立下，就要严格执行。孩子做得好的，给予鼓励表扬，以至奖励；孩子没做到的，给予教育批评，以至惩罚。有规矩不严格执行，比没有规矩更坏。没有规矩，孩子随便些，是因为没有约束；有了规矩，如果孩子再随随便便，就是拿规矩当儿戏，蔑视规矩。而蔑视规矩迟早是要栽跟头，付出代价的。那些长大以后违法犯罪的人，往往是因为蔑视规矩（法律法规）。严格执行规矩，可以使孩子知道破坏规矩的坏处，从而为增强遵纪守法意识打下基础。有一位女士，是一家金融公司的中层管理者，也是一位妈妈，她非常注重给孩子培养规矩意识。小孩子都喜欢睡懒觉或者赖床，对于这个问题，她和孩子约定："我只会喊你两次，如果你在我化好妆之后还不起床，错过了校车，那就要自己起床吃早餐，自己想办法去学校，我不会送你。"她是这么说的，也是这么做的。当然，为了安全，她和孩子爸爸会在后面偷偷跟着加以保护。这样，孩子在迟到了几次并被老师当众批评之后，只需要喊一遍，就乖乖起床了。

但是，对于为孩子立规矩，有些家长有不同的看法。我有一个熟人，她认为"孩子生就的什么料，就是什么料，不在管教，树大自直"，我多次和她争论，都没有把她说服。不过，实践是检验真理的唯一标准，她的孩子的表现对她的"树大自直论"给予了回击。她的两个儿子都没读完初中。长子在一家工厂已打工 10 年，收入不高，但还算稳定，这还是因为他在部队受过两年教育。次子先是北上打工，因不遵守车间纪律，被辞退；后又南下打工，待遇不错，可有一次车间主任批评他，他受不了，"愤而辞职"；现在他在街头摆摊，收入勉强维持生计。

也有的家长担心，从小就给孩子立规矩，会不会束缚他们的创造性。其实会不会束缚孩子的创造性，不在于立不立规矩，而在于立什么样的规矩。如果你的规矩只准孩子做"小绵羊"，不准他们做"小老虎"，无疑会束缚他们的创造性；如果你只立有利于他们健康成长的规矩，不立有损他们身心健康的规矩，当然也就不会束缚他们的创造性。同时我们还应当明白，孩子的创造性，一不是从母腹带出来的，二不是从天上掉下来的。创造的基础有二：一是艰苦的实践，二是渊博的知识。没有规矩的孩子，很难养成苦学、勤劳的品质；没有知识和实践，哪里还谈得上什么创造？

第二节　　　　　　　　　　帮孩子明是非

孩子来到世上，所见都是前所未见，所闻都是前所未闻，世间千姿百态的事物、是非善恶的道理，主要靠家长和老师传输给他们。但是，对于认知世界的知识，他们一般会如饥似渴地吸纳；而对于是非善恶的道德训育，则往往接受得不十分痛快，有时甚至会有一些对抗。因此，为了使教育取得较好的效果，必须尽量讲究一些艺术，寻找适合孩子的方式方法。下面结合一些优秀教育者的经验，梳理几类行之有效的教育路径供大家参考。

一、表扬批评式

孩子做对了，给予表扬；做错了，予以批评。这是使孩子明辨是非的最常用的方式，孩子的良好习惯大都通过表扬和批评养成。不过，表扬和批评时应该注意以下几点：

（1）在一段时间内要有一个明确的表扬目标，为了实现这个目标，即使孩子表现出很微小的进步，也要给予他郑重其事的表扬。例如，在你跟别人说话时孩子总爱打岔，你要求他耐心等待，不要打岔。开始时孩子可能会忘记你的要求，但是只要他静静地听你和别人说话，哪怕只有两分钟，你也要停下来对他加以表扬；如果他继续静听，就过三四分钟再对他进行一次表扬。这样慢慢地，他就会学会等待。

（2）表扬要及时，批评宜过后。当孩子表现出好的或者家长所期待的行为时，马上进行表扬，孩子越小越应该这样。比如，孩子以前玩耍后没有自己收拾玩具的习惯，有一次你发现他自动把玩具放进了盒里，这时就要及时对他表扬。反之，对于孩子的不当言行，特别是一些比较激烈的言行，只要停止了，就不宜当即批评，等到他平静下来再批评效果会更好。

（3）表扬宜当众进行，批评宜个别指出。在人多的场合表扬孩子，会使他感到自豪，形成一种新的内在动力，同时又使他觉得有人监督，从而产生一种新的外在动力。而批评越是在单独的场合进行，越容易引起孩子的自省；反之，会使他感到丢面子，甚至想不开，从而导致他采取偏激的行动，发生悲剧。

（4）表扬要"滴水见太阳"，批评要"就事论事"。"滴水见太阳"就是从孩子值得肯定的行动，上升到品德的高度对他赞美。例如，他主动扫了地，你就赞美他是讲卫生、爱劳动。批评则不宜上纲上线，一般要就事论事，不要翻旧账、揭老底。例如，有个孩子上中学后感觉功课比小学难了，每天要付出的学习时间比原来多了，在班上也不再名列前茅。因为学习成绩下降，妈妈开始不停地提醒他"别发愣，赶快做作业""别看电视，赶快背单词""放学赶快回家，别和同学瞎玩儿"。每天，孩子不知道如何面对学习中出现的困难，却必须面对妈妈的唠叨。考试失利后，妈妈很愤怒："每天辛辛苦苦，管你吃，管你喝，你却拿这样的分数报答我，你把我的脸都丢光了。"妈妈的脾气越来越坏，越来越爱唠叨，面对这些唠叨，孩子却不知怎样和她沟通。一次上课时他给同学传纸条，结果被老师发现并通知了家长。妈妈为此事打了他，甚至说了一些绝情的话。面对这一切，他不知如何是好。孩子成绩下降肯定是有原因的，而案例中的妈妈没有了解孩子成绩下降的原因，没有和孩子进行沟通，找到提高成绩的方法，反而一味地责备，甚至动手打孩子，这种教育孩子的方式显然是不对的。家长要批评孩子，首先要指出孩子错在什么地方，为什么错了，应该怎样去改正。同时，批评孩子要就事论事，专注于事情本身。把"矛头"指向事，就等于告诉孩子："你这件事做得不对，不是你这个人不对，你仍然是个好孩子。"这种方式传达的信息是关心与爱护，既保护了孩子的自尊，又激发了孩子改正错误的积极性。反之，若将"事不对"上升到"人不对"，把"矛头"指向人，针对品格和个性进行批评，则不但不利于改正错误，反而会伤害到孩子的自尊，引发孩子的焦虑与不满。

二、润物无声式

读过这样一个故事：很多年前，在美国纽约贫民区某公立学校里，一位名为奥尼尔的夫人所教的三年级学生举行了一次算术考试。阅卷时，奥尼尔夫人发现有 12 个男孩某一题错得完全一样。她让这 12 个男孩放学后留下来，没有问任何问题，也没有任何责备，只在黑板上写下了"在真相肯定永无人知的情况下，一个人的所作所为，能显示他的品格。——汤姆斯·麦考莱"的文字，让他们抄 100 遍。故事的作者就是 12 个男孩中的一个，他说，我不知其他 11 个人有何感想，只知道自己，可以说，这是我一生中最重要的教训；老师把麦考莱的名言告诉我们已经是 30 年前的事了，我至今仍认为那是我所见到的最好准绳之一，不是因为它可以使我们衡量别人，而是因为它使我们可以衡量自己。[①]

　　读了这个故事，我感慨良多。换成别的老师，面对 12 份错题完全一样的考卷，或许会对 12 个学生大发脾气，或许会重新出题责令他们重考。可是奥尼尔夫人用一句无声的名言不仅使学生认识到自己的错误，而且使这件事成为他们"一生中最重要的教训"。这不禁使我想起了大诗人白居易的一句诗："此时无声胜有声。"

　　孩子的智慧是大人们难以估计的，不要认为他们什么都不懂。如果能用无声的办法启发他们认识错误，就尽量不用有声的办法。无声的办法有时更能启发孩子的自觉，收到比板着面孔的斥责训话更好的效果。

三、启发诱导式

　　教育中启发诱导的思想，自古有之。孔子说："不愤不启，不悱不发。"意思是说，不到学生（孩子）努力想弄明白但仍然想不透的程度时，先不要去开导他；不到学生（孩子）心里明白却又不能完善表达出来的程度时，也不要去启发他。启发诱导是在对孩子进行教育时以孩子为主体，根据其知识水平、心理特征和求知兴趣，恰如其分地给以启示和指导。启发诱导不仅可帮助孩子辨明是非，而且能够促使他们开动脑筋思考，提高分析和解决问题的能力。

　　例如，对于如何向孩子解释有些电影和杂志不适合他们

[①] 　小羊. 苹果里的小星星：外国哲理小品精选[M]. 哈尔滨：北方文学出版社，1988：89-90.

看，许多父母感到非常棘手。有一位父亲想出了一个很值得借鉴的办法。这位父亲仔细地倾听了孩子想看某部限制级电影的种种理由：影片中有他喜爱的演员，语言相当优美，特技效果非常出彩，情节十分紧张刺激，而导致它被限制的情节内容几乎未在影片中直接出现过。听了这些理由，父亲没有直接表态。到了晚上，父亲问孩子，是否愿意品尝他亲自烘烤的果仁巧克力蛋糕。他说他花费了很多心血来烘烤这个蛋糕，选用的是全家人最喜欢的配方，温度和时间也都掌握得恰到好处。最后他说，蛋糕中还增加了一个新的"花样"。孩子问是什么，父亲平静地回答："加了点狗粪。"孩子惊讶地看着父亲，父亲立即保证只加了一点点，其他成分都堪称精品，绝对尝不出狗粪的味道。孩子仍坚定地表示不会品尝。于是父亲告诉孩子，我们的思想往往会诱使我们相信一点点邪恶无关紧要，但事实上，哪怕是一点点狗粪都能把美味佳肴变成令人作呕、全然不能接受的东西。

教育孩子，应尽量少用干巴巴地讲道理的办法。同孩子的切身利害结合起来，讲些联系他们实际的故事，打些他们看得见、摸得着的比方等，往往最能入他们的心，最能给他们以启发。

四、冷落惩罚式

有一位母亲讲了这样一件事：有一次，她的孩子拿了粉笔要在镜子上画画，她对孩子说镜子上不能画画，她的话还没说完，孩子就哭了起来。她耐心地给孩子解释、讲道理，但孩子仍然哭闹。于是她转身去做别的事情，不再理会孩子。孩子从来没听妈妈说过"不可以"，也从来没见过妈妈不理他。受到冷落后，他先是大哭大闹，然后跑到妈妈跟前又打又踢，甚至躺倒在地上打滚。妈妈有些心软，想顺从孩子，但是想到溺爱可能产生的可怕后果，就对孩子说："你不讲道理，就哭个够吧，爸爸、妈妈都不喜欢这样的孩子。"孩子哭闹许久，见妈妈仍不理睬，哭声逐渐减小，过了一会儿就停止了。孩子第一次体会到不被理睬的痛苦，也第一次了解到无理取闹得不到同情，不合理的要求不能得到满足。他自己从地上爬起来，怯生生地去找妈妈。妈妈看到他不再哭闹了，就让他和自己一起做事，他很快地又高兴起来。到了晚上，妈妈进一步引导他怎样做才是对的，并且对他能够主动改正错误给予鼓励。孩子从妈妈的鼓励中得到正向反馈，后来再也不无理取闹了。

我也曾经历过类似的事。小外孙 4 岁了仍然离不开妈妈半步，妈妈出门不带着他，他就又哭又闹。所以，妈妈每次出门都是偷偷地走，不敢让他看见。当然，他发现后照例要哭一阵子。我对他妈妈说，你不要偷偷地走，要让他看着走，哭就让他哭。一天，他妈妈去上班时，他照例在后面哭着追，妈妈走得快，他就追得快，怎么劝都劝不住。没办法，我紧撵几步抱起了他，他对我又踢又打，好容易才把他抱回家。正好他外婆在屋里套被子，我就把他放在被子上，对他说，你不听话，今儿就让你哭个够。大概过了半个小时，他不哭了，我问还哭不，他又哭起来；又过了十几分钟，他不哭了，我又问他还哭不，他又哭起来；如此反复了三四次，他说不再哭了，以后妈妈去上班，也不再哭了。小外孙是个很有记性的好孩子，打那以后，妈妈去上班，他再也没有哭过。

有一次我和一个孩子谈心，问他："你对付妈妈的最好武器是什么？"他回答："哭。""为什么？""我一哭，妈妈就听我的。""对你爸爸，你也这样吗？""不，在爸爸跟前，我哭也不顶用。"孩子的任性、固执、好发脾气大都是家长惯出来的。俗话说"好哭的孩子有奶吃"。孩子很会总结"斗争"的经验，他一哭闹你就给"奶"、就许愿，当愿望得不到满足时，他又怎能不又哭又闹呢？

讨好孩子的无理取闹，不是爱护孩子，是纵容恶习，"姑息养奸"。植树要剪枝，不剪枝不能成材；种田要除草，不除草不能丰收。要培养出好的孩子，必须随时剪除他们身上恶习的苗头。纵容孩子无理取闹的家长，是糊涂的、不称职的家长，这样成长起来的孩子大都是骄横、霸道、不懂得尊重别人的孩子。

五、现身说法式

"现身说法"指以亲身的经历和体验为例，来讲解道理，劝导别人。我们这里的"现身说法"主要是家长现身说法。家长是孩子心目中最早的偶像，家长的现身说法往往最能打动孩子的心灵。

曾被全国妇联等九部委联合授予"为国教子，以德育人好家长"称号的下岗女工唐英，常常用现身说法的方式教育孩子。一天她的儿子放学回到家，一脸愤然地说："这个社会太不公平了！"原来，前段时间他报名参加了一家杂志社举办的写作比赛。他的写作一向非常出色，可排名出来以后，名次却很差。他仔细看了那些排在他之前的作品，觉得很多不如自己的，心里很不服气。唐英听完儿子的牢骚，起身进了自己的房间。她拿出一大堆荣誉证书摆在儿子面前，淡淡地说："妈妈以前的工作表现是很好的，我根本没想到自己会下岗。但是下岗了，妈妈也不觉得天就塌了下来。这些年，妈妈不是生活得很好吗？"唐英的乐观、自信在儿子的心里播下了面对现实、奋斗不息的种子。

但是，现身说法不可老是反复地讲自己的功绩——这是不少家长的通病，讲得过多，孩子会厌烦；更不可夸大自己的功绩，孩子知道了你的夸大，就不会再相信你的说教。现身说法要既讲自己的"过五关"，也讲自己的"走麦城"；既展示自己的高尚之处，也不回避曾经的不足与过错。这不仅会使孩子从你身上吸取教训，也会拉近你和孩子的距离，使他更愿意和你交心。

六、"咎由自取"式

咎，是过失、罪过、责备。咎由自取，就是遭受的责备、惩处或祸害是由自己造成的。"咎由自取"式教育就是让孩子自己品尝自己种下的苦果。

还是讲一个唐英的故事。儿子 3 岁时，唐英送他去少年宫学习书法。别的孩子的家长怕孩子学不会，都陪着做笔记，以便回家以后对孩子进行辅导。然而唐英对儿子说："孩子，妈妈没有文化，什么也不懂，你别指望妈妈会给你多大的帮助。你的学习，必须依靠自己。"可是，那是儿子第一次上课，他年龄小，听得不十分专心，结果回家后面对老师布置的作业一筹莫展。吃过晚饭，唐英对儿子说："为了让你记住今天的教训，我们走路去老师家请教。"他们家离老师家有 20 多里路，母子俩走了两个多小时后，儿子已累得双腿发软，他哭着哀求妈妈："妈，我脚板都走肿了，我们搭车去吧！"唐英虽然为儿子心痛，但还是毫不动摇地摇了摇头。走到老师家时，已是晚上 10 点。唐英让儿子去敲门，儿子不敢。她板起脸说："你不去敲门，那我们就在这里等到天亮吧！"没办法，儿子只好一脸委屈地敲开了老师家的门。那天在回家的路上，儿子非常认真地对妈妈说："我以后一定会认真听讲，不懂的地方就问老师。像今天这样，好丢人哟！"

如果问我们的家长，在你的眼里谁家的孩子最好？我相信 90% 以上的家长会说：我家的孩子。天下父母无不爱自己的孩子，但是这种爱不应只是疼爱。疼爱是爱，责备、惩罚也是爱，而"咎由自取"式的责备惩罚是行之有效的爱。这种爱，可使孩子更深刻地牢记教训，痛改前非。

七、"击一猛掌"式

"千人千模样，万人万性体。"即使同一个人，在不同的时段里、不同的事情上，表现也往往有很大的不同。因此，对于不同的孩子，甚至对同一个孩子的不同缺点、错误，教育方法不可能千篇一律。对于比较自觉的孩子的一般性缺点、错误，一般讲清道理就可以了。但是，对于那种不够自觉，有些缺点、错误或劣习在他们身上扎下了深根的孩子，单靠言辞的教育往往无济于事，只有"击一猛掌"，才能促使其警醒。

北京通州二中优秀女教师李圣珍谈过这样的看法：对于犯了不能容许的错误的孩子，会严厉惩罚。打几下是对孩子屡次犯错误进行惩罚的升级手段，是根据他的错误的严重性而进行的相应惩戒。不能说打孩子就是不平等，违法犯罪的人够格就要判处死刑，能说是法律不平等吗？佛是以慈悲为怀的，即使这样，佛经里也说"我佛亦作狮子吼"。对于犯了不能容许的错误的孩子，有时候严厉的惩戒能把他打醒，就像佛经里的狮子吼，使他迷途知返。李老师还说，有很多孩子不敢或不愿正视自己的缺点、错误，喜欢用各种手段把自己包得紧紧的。看准了他的错误的实质，照着他的"痛处"狠打一拳，有时能拉近你和他的距离，从而进入他的内心世界，帮助他改正错误。

作家毕淑敏曾发表过一篇短文，题目是《孩子，我为什么打你》，以书信的形式专门谈了关于打孩子的问题。我读后很受启发，现摘录于下：

在你最小最小的时候，我不曾打你。你那么幼嫩，好像一粒包在荚中的青豌豆。我生怕任何一点儿轻微的碰撞，将你稚弱的生命擦伤。我为你无日无夜地操劳，无怨无悔。面对你熟睡中像合欢一样静谧的额头，我向上苍发誓：我要尽一个母亲所有的力量保护你，直到我从这颗星球上离开的那一天。

你像竹笋一样开始长大。你开始淘气，开始恶作剧……对你摔破的盆碗、拆毁的玩具、遗失的钱币、污脏的衣着……我都不曾打过你。我想这对于一个正常而活泼的儿童，都像走路会摔跤一样应该原谅。

第一次打你的起因，已经记不清了。人们对于痛苦的记忆，总是趋向于忘记。总而言之那时你已渐渐懂事，初步具备童年人的智慧；它混沌天真又我行我素，它狡黠异常又漏洞百出。你像一匹顽皮的小兽，放任无羁地奔向你向往中的草原，而我则要你接受人类社会公认的法则……为了让你记住并终生遵守它们，在所有的苦口婆心都宣告失效，在所有的夸奖、批评、恐吓以及奖赏都无以建树之后，我被迫拿出最后一件武器——这就是殴打。

…………

打人是个重体力活儿，它使人肩酸腕痛，好像徒手将一千块蜂窝煤搬上五楼。于是人们便发明了打人的工具：戒尺、鞋底、鸡毛掸子……

我从不用那些工具。打人的人用了多大的力，便是遭受到同样的反作用力，这是一条力学定律。我愿在打你的同时，我的手指亲自承受力的反弹，遭受与你相等的苦痛。这样我才可以精确地掌握数量，不至于失手将你打得太重。

我几乎毫不犹豫地认为：每打你一次，我感到的痛楚都要比你更为久远而悠长。因为，重要的不是身累，而是心累……

孩子，我多么不愿打你，可是我不得不打你！我多么不想打你，可是我一定要打你！这一切，只因为我是你的母亲！

孩子，听了你的话，我终于决定不再打你了。因为你已经长大，因为你已经懂了很多的道理，毫不懂道理的婴儿和已经很懂道理的成人，我认为都不必打。只有对半懂不懂、自以为懂其实毫不懂得道理的孩童，才可以打，以助他们快快长大。

孩子，打与不打都是爱，你可懂吗？①

读着这篇短文，我的心一直在颤抖，我相信，毕淑敏说出了许许多多父母想说而没有说出的话。孩子的习性是复杂的，在必要的时候施以适当的惩罚，对他们改掉劣习、健康成长是非常有益的。但是我仍然认为，这种惩罚的实施权只应属于父母，不应该属于他人。因为父母养育孩子，和他们朝夕相处，最亲最近；父母打了孩子，即使他们一时不能理解、无法接受，以后也会慢慢想通。不过采用这一手段，务必慎之又慎。对此，毕淑敏已经讲得非常全面深刻了，不再赘述。

---

① 毕淑敏.毕淑敏精选散文:青少版[M].武汉:崇文书局,2022:22-24.

第三节　　　　　　　　　　　　　　　　　　　　**让孩子读好书**

　　有个刚上初一的孩子，叫亮亮，很淘气，爸爸的话不听，妈妈的话更不听，谁都管不了。一天，他的班主任李老师找了一篇文章让他读。文章中有个故事，他读了以后找到老师说："这个故事太打动我了，我以前那样对待爸爸妈妈，真是不对。有了难处，朋友会离开我，亲戚会离开我，所有的人都会离开我，只有爸爸妈妈的心，一忽儿也不离开我。"文章中的那个故事是：有一个年轻人特别不孝顺父母，但他的母亲对他一直很好。有一天他爱上了一个姑娘，那姑娘长得很漂亮，他想娶她为妻。但是姑娘是一个魔鬼变的，她问年轻人，你既然这么爱我，那我让你干什么你都会答应吗？年轻人说："是的。"接着，姑娘要他带着他母亲的心来见她。年轻人听了，连忙去向他母亲要心，母亲什么也没有说就挖出自己的心交给了儿子。年轻人高兴地捧着母亲的心急匆匆地去见姑娘，却不小心一下子摔倒在了地上，母亲的那颗心也滚落到路边。他正要爬起来去捡，母亲那颗还滴着鲜血的心发出了声音："孩子，你摔痛了吗？"母亲的拳拳之心没有因孩子的无情而有任何的改变，孩子的心一下子被感动得颤抖了。

　　"书籍是人类进步的阶梯。"高尔基的这句名言，想必大家都还记得。根据我的理解，这句话起码有两层意思：第一，书籍是社会进步的动力。世间什么威力最大？不是雷电，不是炸药，不是导弹，是书籍，是书籍在推动社会进步。第二，书籍是我们前行的老师。唐代古文大家韩愈在《师说》中说："师者，所以传道受业解惑也。"传道，是思想教育；受业，是知识教育；解惑，是解答疑难问题。这三者，都能从书中得到。投拜名师，有的家中财力不济；为孩子买书，则没多少家不能办到，何乐而不为呢？如果从孩子具备阅读能力开始，就有计划地指导他们多读一些书，他们的知识一定会得到进一步丰富，他们的语言能力一定会得到进一步提高，他们的行为一定会更加文明，他们的境界一定会得到提升；而且在读书的同时，他们还会获得精神上的愉悦和享受。

　　英国哲学家弗朗西斯·培根写过一篇谈读书的杂文《论求知》，是我所读过的此类文章中最精彩的一篇。现摘抄两段和大家一块学习："读史使人明智，读诗使人聪慧，学习数学使人精密，自然哲学使人深刻，伦理学使人高尚，逻辑修辞使人善辩。总之'读书陶冶个性'。""不仅如此，心智上的任何障碍，无不可以通过方法得当的读书学习来消除的；这就像身体上的各种疾病都有相应的运动来调理似的。保龄球对膀胱和肾脏有益；射箭对胸腔和肺部有益；散步对肠胃有益；骑马对大脑有益等等。因此，七神涣散的人应研究一下数学，因为在数学的演算和求证之中，稍有走神的话，就得从头再做一遍。不善分辨异同的人应研究一下经院哲学家的著作，因为这一学派的学者是连头发都拆开来分析的人。不善于由表及里、也不善于触类旁通的人，应研究一下律师们的案例。这就是说，心智上的毛病都是有其对症的特效疗方的。"①

对儿童自身来说，阅读素养被认为是参与现代社会的先决条件；对亲子感情来说，当讲故事、唱童谣成为家庭文化娱乐项目时，亲子之间会更了解、更和谐。家庭浓郁的书香气息对培养孩子的读书兴趣最为有益。培养孩子良好的阅读习惯，家长必须首先带头读书。通过阅读经典文学作品、科普书籍或哲学名著，家长不仅能够提升自己的文化素养，还能在日常生活中自然地与孩子分享书籍中的知识和感悟。这种以身作则的行为能够潜移默化地影响孩子，让孩子从小就养成热爱阅读的习惯。俄国文坛巨匠托尔斯泰说，他走上文学道路，写出了《战争与和平》《安娜·卡列尼娜》等巨著，与他父亲爱好文学、家中藏书丰富密切相关。

指导孩子读书，首先要培养他们的读书兴趣。有位家长介绍说，几岁的孩子活泼好动，喜欢翻腾身边的东西，他一旦对哪样东西发生兴趣，往往爱不释手。为此，他在家中孩子容易走到的地方放了个小书柜，放上了童话、童诗、名人传记和比较简易的世界史、地理等书籍。结果，孩子很小就迷上了书，"嗜书成癖"。不要小看这位家长的经验，胡适就曾因幼年偶然得到的一册《水浒传》而开启了他日后对中

---

① 培根. 培根的人生论[M]. 刘烨, 编译. 北京: 中国戏剧出版社, 2008: 207.

国小说的研究，鲁迅曾因幼年迷上《山海经》而唤起了对神话世界的探索。很多人都曾因在艰苦的童年得来不易的几册书，丰富了精神世界，奠定了他们一生的志向并创造出丰功伟绩。

其次，要根据孩子的年龄选择读物。几个月大的幼儿可以看一些图片书，鲜明的色彩可以刺激孩子的视觉发育。长大些以后，可以教他儿歌、童诗，看彩色图画、插图故事书、与日常生活事物相关的书，引发他们的好奇心，提高阅读的兴趣。随着记忆力的发展，可以指导孩子背诵一些简单、有趣、韵律感强的诗词歌谣。可以说阅读对于孩子的学前教育非常重要，能够帮助他们锻炼表达能力，为入学教育打下基础。给孩子讲故事也是教他们读书。有研究指出，孩子在入学以前每天听父母讲故事，对成长大有裨益。孩子进入学龄期以后，可指导他们读一些较长的故事、童话；随着他们逐渐长大，可以开始读一些名著和名人传记。一本书往往可以影响一个人的一生，诺贝尔化学奖得主李远哲就是因为看了《居里夫人传》而立志从事科学研究工作的。要鼓励孩子多读讲述英雄人物如何克服困难、渡过困境而终获成功的作品，引导他们效仿书中人物的高尚情操与抗挫折的能力，逐步引导他们树立起自己心中的偶像，把高尚的人物作为学习的良好典范。

最后，要帮助孩子加深对书的理解。学龄期是孩子概念的形成期，对于孩子读书时提出的问题，要耐心地进行解答，并且要确保解答得正确；对于不能解答的问题，要和孩子一起借助辞典、百科全书或网络寻找答案；实在查不到的可暂时存疑，切不可凭感觉、凭一知半解进行解答，以使他们形成的概念准确无误。孩子能够自己写作以后，可以鼓励他们把重点内容、心得感想记下来，日记、短文、报告的形式都可，不过不要太过勉强，鼓励诱导比硬性的要求更容易使孩子接受。古人说："书读百遍，其义自见。"对于精品书以及书中的精彩章节、优美句段，要鼓励孩子多读几遍。

书籍是进步的阶梯，但并不是所有的书籍都有益，对于孩子不应读什么书，作家肖复兴提出的"读书五戒"值得参考：

一戒时效性书。由于时效性书很容易让孩子的心不单纯，随着流行时髦转，破坏孩子读书的天籁情境。因此，不要让孩子读时效性书。

二戒礼品书。有些礼品书华而不实，浮文弱质。不仅可使孩子上当受骗，更易使孩子从小养成崇尚浮华的坏毛病。故不要让孩子读礼品书。

三戒作文辅导类的书。这类书一般是对孩子有害的，会让孩子无所适从，将孩子的想象空间萎缩蚕食。故不能让孩子读这类公式化、模式化的书。

四戒媒体上鼓吹宣传的书。由于这类书多注重炒作，使孩子一时很难分辨其中的优劣。一定要让孩子小心，或者索性让孩子不要接触这种书评所鼓吹的书。

五戒卡通书。虽然这类书有其娱乐和游戏的意义，但长期读它，对文字的消解，对阅读的剥离，只会让孩子随之变得越来越懒惰,越来越不懂得读书。[①]

　　肖复兴的"读书五戒"击中了当前书市的软肋。鼓励指导孩子读书,本是为其增加"营养",切不可让"砒霜"混入其中。

　　除"读书五戒"以外,还有几类书籍不适宜孩子阅读,如恐怖类、言情类、野史杂谈类、网红类书籍。恐怖类书籍不同于悬疑类书籍,里面制造的恐怖氛围和环节不适合孩子阅读,会影响孩子的世界观、人生观、价值观,孩子甚至有可能因为错信里面的情节而引发安全问题。言情类书籍的主旨是讲述唯美、浪漫的爱情故事,但现在的言情小说很多过于矫揉造作,情感导向偏离主流价值观,知识含量低,孩子过早接触可能对亲密关系产生错误认知,增加早恋风险。野史杂谈类书籍以趣味故事吸引孩子的眼球,满足孩子的猎奇心理,但其内容多为未经考证的虚构情节,历史人物与事件常被曲解。长期阅读这类书籍会使孩子产生认知偏差,不利于孩子了解真实的历史。现在书籍出版的门槛比较低,部分网红出于流量或商业目的出版的书籍大多属于个人经验和理论,还有一些扭曲事实的心灵鸡汤,也被称为"毒鸡汤"。这些书籍内容缺乏深度、价值观偏激,孩子从小就看这类书籍,可能会变得敏感、多疑、偏激,阻碍健康人格的形成。

　　我不止一次遇到过这样的父母,他们总爱问:"什么书最有用?我的孩子读什么书最好?"这其实是一个很难回答

---

① 　陆恒,刘胜亚,王伟英. 现代家庭育儿须知[M]. 武汉:湖北科学技术
　　出版社,2000:363.

甚至无法给出确切答案的问题。天下的书大体可分为四类：精品书、应了解的书、消遣书、无用甚至有害的书。即使是精品书，又有谁能断定哪一本书只适合小学生而对中学生无用？比如，《水浒传》《山海经》有什么用？但它们启蒙了胡适和鲁迅。唐诗宋词有什么用？但我国每个真正有文化底蕴的人无不从中汲取过养分。世界历史书有什么用？但它能开拓一个人的眼界和心胸。指导孩子读书不可急功近利。急功近利，有害无益。

人们常说，眼睛是心灵的窗户。只看小道杂志、轻信流言者，眼中流露出的是浅薄；热爱读书、胸有学问的人，眼中焕发出的是神采。有企业家说，喜欢读书的人，你要他做5件事情，他可能完成15件以上；不喜欢读书的人，你要他做10件事情，他可能只做八九件，绝不会超过10件。还有人说，你如果细心观察两个人，一个是热爱读书的，一个是不爱读书的，准会发现，他们不论在道德修养、文化素质，还是在言谈举止、风度气质上，都会有明显的不同。而当今对读书的效果概括得最好又朗朗上口的，我认为是诗人汪国真写的《感谢》一诗：

让我怎样感谢你

当我走向你的时候

我原想收获一缕春风

你却给了我整个春天

让我怎样感谢你

当我走向你的时候

我原想捧起一簇浪花

你却给了我整个海洋

让我怎样感谢你

当我走向你的时候

我原想撷取一枚红叶

你却给了我整个枫林

让我怎样感谢你

当我走向你的时候

我原想亲吻一朵雪花

你却给了我银色的世界 ①

第四节　　　　　　　　　　　　　　　教孩子学做事

　　以前听过这么一个故事，有一年秋天，一群天鹅从北方飞往南方过冬时途经一座小岛，岛上住着一个老渔夫和他的妻子。见到这群天外来客，他们非常高兴，拿出喂鸡的饲料和打来的小鱼精心喂养天鹅，这群天鹅于是留了下来，没有

---

① 汪国真. 汪国真精选集[M]. 北京：北京燕山出版社，2011：120-121.

继续南飞。冬天来了，湖面封冻，它们无法获取食物，老夫妇就敞开茅屋，让它们在屋子里取暖并给它们喂食，直到第二年春天湖面解冻。日复一日，年复一年，每年冬天，这对老夫妇都这样奉献着爱心。终于有一年，他们老了，离开了小岛，而这群天鹅也从此消失了：它们不是飞向了南方，而是在第二年湖面封冻期间饿死了。

故事中，老夫妇像爱自己的子女一样对天鹅百般呵护、管吃管住，而且是"日复一日，年复一年"地奉献着爱心。人们会不禁感叹"多好的一对夫妇，多么幸运的天鹅！"然而，天鹅悲惨的结局又告诉我们——正是这种过分的爱使天鹅沉溺在安逸的生活中，养成了惰性，丧失了生存的本能，无法再适应环境，最终被变化了的环境所吞没！

如今有些家长对孩子过分宠溺，捧在手里怕摔了，含在嘴里怕化了，不让孩子干一点点家务活、吃一点点苦、受一点点累。孩子被子叠得不整齐，帮他叠好；鞋带系不上，帮他系上；骑车摔倒了，赶忙把他扶起来……待孩子长大了，又忙着给他们找个"旱涝保收、日不晒雨不淋"的好工作，还想着给他们留一笔丰厚的遗产，至少也要留一套房子，哪怕自己为此吃尽苦、受尽累也心甘情愿。殊不知，吃苦是对孩子毅力和生活能力的一种磨炼。不能吃苦的民族是没有希望的民族，不能吃苦的孩子很难应对现实生活中的艰难困苦，更难有宽广的胸怀和责任的担当。

我有这样一个认识：任何一个人，要走完一生，都无法避开吃苦的门槛。年轻时多吃苦，以后就吃得少些；年轻时逃避吃苦，以后就吃得多些。而且这个门槛你越是不想跨，就越会变高。也就是说，假如你的苦在年轻时吃是三分，年轻时不吃，到后来就可能变成五分、八分。所以，我国有句俗话，叫作"年轻不受老来受"。因此我常想，与其让孩子长大后吃更多的苦，不如年轻时就让他多吃一些苦。可是不少人有一种惰性：眼看着"年轻不受老来受"的事例一拨儿又一拨儿地在眼前呈现，有时甚至还大发一通感慨，但是面对自己的娇儿爱女时却难以下定决心。作为家长我们要明白，世界上没有完全能够挡住的风雨，而风雨也许正是练就坚强翅膀的契机，挡住了风雨就折断了飞翔的翅膀。每个孩子都必须承担起自己生命的责任。为了孩子的健康成长和全面发展，家长们要从小培养孩子不怕吃苦、敢于吃苦的信念，让孩子在成长过程中经受更多的锻炼。家庭生活是锻炼孩子生存能力最直接的途径，其过程可分为四个阶段：对于婴儿，主要是培养他们对外界环境的适应能力，家长不要给予过多过细的照顾，要给孩子留有发展自身能力的余地；对于幼儿，主要是培养他们生活自理的能力，家长不要过多地帮助和替代孩子做事，要给他们提供发展自立能力的机会，如自己吃饭，自己穿衣，给别人拿个水果、搬个小凳、送条毛巾等；对于学龄期的儿童，主要是培养他们家务劳动的能力，家长要适时适量地分配给孩子一些家务活，如扫地、擦桌子、洗碗等，要创造条件，使孩子有机会经历困难，从而增强他们解决实际问题的能力；对于青少年，则应当让他们尽可能地全面掌握家务技能，并给他们独立处理家庭事务的机会。

提高孩子的生存能力，不仅要使他们会做事，还要使他们能够独立克服一些意想不到的困难。有位父亲带着 6 岁的儿子到湖边钓鱼，离湖不远处有一个很深的坑，孩子好奇，自己摸索着下到了坑里。玩了一阵儿后他发现，坑底比较深，下来容易上去难。他不得不求助于钓鱼的父亲："爸爸，帮帮我，我上不去了！"但他没有得到回应。他知道父亲离他不远，可以听到他的声音，父亲置之不理的态度让他愤怒，他开始直呼父亲的名字，后来甚至叫骂了出来，但父亲仍没有回应。天渐渐地黑下来，他不得不自己想办法。他在坑里转来转去，寻找可以上去的地方，终于发现坑的另一面有几棵可以用来攀缘的小树，于是借助小树艰难地爬了上来。此时，父亲仍在原地悠闲地钓鱼。令人想不到的是，孩子没有抱怨，也没有愤怒，而是径直跑到爸爸身边自豪地说："爸爸，爸爸，我是自己爬上来的！"对这个故事，我想相当数量的父母会有不同的看法。如果他们带着自己的孩子去钓鱼，孩子也同样下到了坑里，不要说等到孩子又哭又喊，就是只听到孩子的一声"爸爸"，他们也早已闻风而动，而且抱起孩子以后还要"肝呀""肉呀"地安抚一番，然后苦口婆心地进行一番"安全"教育。

以前我们常常听到这样一句口号："再穷不能穷教育，再苦不能苦孩子。"这句话用于学校固然没错，但若用于家庭就值得商榷。一些父母认为，现在生活好了，绝不能再让孩子像自己小时候那样"吃苦"。殊不知，这样非但不是爱孩子，从长远看，反而是害孩子。儿童时期是人格形成的关键期，适当设置一些障碍，让他们少花些钱，多动手，多受些挫折，增强他们自力更生的意识，激发他们吃苦进取的精神，是给予他们的终生受用的最大财富。美国石油大王洛克菲勒是世界巨富，但他对子女的零花钱卡得很紧；我国台湾塑胶大王王永庆要求孩子早睡早起，不乱花一分钱。

我想起了"狮子教子"的故事。很多人认为，动物界最无母性的首推母狮。在幼狮成长阶段，母狮不仅不百般呵护，反而经常摔打它们，有时甚至将它们从悬崖推向峡谷溪流。乍看之下，母狮的确"毫无母性"，但是只要略作分析，就会得出这样一个结论：正是母狮的这种行为才使生育能力并不旺盛的狮子代代繁衍，并且居于动物界的霸主地位。"狮子教子"对于家长教育孩子不无有益的启迪：无微不至的溺爱照顾，使人弱不禁风；艰苦的磨难，给人勇气、耐力，使人百折不挠、勇往直前。

第五节　　　　　　　　　　　为孩子建环境

家庭教育环境是指家庭为对孩子进行教育所提供的必备条件，主要包括物质环境、心理环境以及可利用的社会资源环境。个体是在与环境相互作用的过程中得到发展的，特别是在人生的最初几年，个人在与环境相互作用过程中所获得的经验对其一生的发展具有关键性的作用。

　　我曾读到过一个看似不可思议，实则合乎逻辑的故事，感觉很有嚼头，它发生在澳大利亚。悉尼铁路局长期苦于少数人在火车站随意涂抹、破坏公共设施，每年要花1 000万到1 500万澳元进行修复。在无可奈何之中，铁路局决定尝试一种听上去比较荒诞的办法——在火车站播放古典音乐。6周内，他们在5个站点播放了贝多芬的《月光奏鸣曲》、莫扎特的《魔笛》、勃拉姆斯的《匈牙利舞曲》等。结果，出人意料的事发生了，这些站点中破坏公物的行为大大减少，其中2个站点此种现象完全绝迹，5个站点的维修费用与上年同期相比下降了四分之三。调查表明，69%的乘客注意到了车站在播放古典音乐，50%的人认为古典音乐对所有乘客的行为都有规范作用。环境变了，人的素质会随之变化。庭院的布置、房间的摆设往往与主人的品性密不可分。邋遢的环境难出高雅之人，邋遢的人也不会生活于高雅的环境。人造就环境，环境也"造就"人。

　　孟子的母亲很懂这个道理，"孟母三迁"的故事万古流芳。起初，孟子家在一片墓地旁边，孟子常常看到送葬的队伍，就经常和其他孩子一起玩送葬的游戏。孟母觉得这样对孟子成长不利，于是把家搬到了城里，住在集市旁边。孟子每天看到小商小贩的经营活动，于是又学起了做买卖。孟母觉得这里也不是合适的居住地，于是又把家搬到了一个学宫旁边，这样孟子每天看到的是文质彬彬的书生，于是开始学习一些文明的言行。

　　有人专门研究过一对双胞胎女孩。这对双胞胎从小就被分开了，一个留在大城市的家庭里，一个被送往边远的森林里随亲戚生活。长大后她们的个性完全不同：留在城市里的孩子喜欢读书，智力发展得较快较好，也比较文静；而被送往亲戚家的孩子身体很好，会爬树，也很灵巧，性格很开朗，但不喜欢读书。

环境不同，孩子的发展不同。要使孩子得到良好的发展，必须给他们营造良好的家庭教育环境。

一、家庭物质环境

家庭物质环境主要指的是家庭物质生活条件，包括家庭的经济状况和与此密切联系的居住条件、生活设施等。物质环境是实现良好教育的物质保证。要为孩子专设一处学习的小天地。在家里选择一处光线好且安静的地方作为孩子的固定学习位置，摆上书桌和高矮适当的凳子，最好再配备一个小书架。孩子是这一块领地的小主人，可以自主安排自己的书籍、学习用具和心爱之物。每天早上起来，他可以很自然地坐在这里读书，然后整理书包去上学；放学回家，也很自然地卸下书包，开始做作业和阅读。家里人和客人不应随意打扰他，毫无顾忌地高声说话，不经允许闯入他的小天地。他自己由此也会感到很安全、很自在、很愉快，并因此逐步养成独立自主的学习态度和习惯。有条件的还可以建立孩子的自然角、图书角、艺术角，提供一个玩具柜。这比起那些找不到自己学习的位置，到处"打游击"的孩子来说，有着明显的优势。

还要尽可能地为孩子进行科学探索活动提供充足的物质材料和设备。例如，添置一些必备的材料和工具，如放大镜、望远镜、磁铁、小锤子、小铲子等；提供种植、饲养的条件和设施，如开辟一个自然角，养几盆花草、几条小鱼或蝌蚪等。教育孩子充分利用家里现有的玩具、材料和设备（如水桶、脸盆、积木、玻璃球等），或废弃物（如各种饮料瓶、罐、纸盒、包装纸、牙膏皮、碎纸片等），搞一些小实验、小制作。此外，不应拒绝孩子自己搜集物品，应允许他们把在野外玩耍时捡拾到的贝壳、石子、落叶、草籽、小昆虫等带回家来，分类保存。

家庭物质环境还要注意整齐清洁和注入文化气息。整洁有序的环境会给人以美感，不仅可使孩子心情愉悦，还有利于他们从小养成文明的举止与良好的习惯；相反，污浊杂乱的环境不仅会使孩子心情烦躁、抑郁，还容易使他们养成松懈、懒惰的不良习惯。家庭环境除整洁以外，还要注意注入文化气息——书架上的经典书籍、墙上的艺术画作、角落的乐器或手工艺品等对此均有助益。这种环境熏陶能让孩子在耳濡目染中提升审美情趣，有利于提升修养。

二、家庭心理环境

良好的心理环境是促进孩子心理健康发展、保证科学教育顺利进行的重要前提。轻松、愉快的环境可使他们心理上有安全感，增强自信心，能集中精力去尝试、去探索，而不必害怕失败、贬斥和苛责。

　　家庭成员之间要形成互敬互爱、和睦相处的和谐气氛。家庭成员，特别是父母之间的和谐是家庭稳定和温馨的基础，也是孩子心理稳定和健康的保障。一个充满亲情、关心和爱心的家庭，会让孩子感到安全、幸福和温暖，从而产生主动向上的积极情感和学习态度；反之，处在一个充满争吵、敌意的家庭氛围中，孩子容易产生焦虑不安、自卑、恐惧等情绪，背着沉重的精神负担成长，心理健康必然会受到影响，更不要说求知了。

　　家庭心理环境的另一个构成因素是亲子关系。父母与孩子之间要民主、平等、相互尊重，这不仅有利于孩子良好性格的养成，也有利于最大限度地发挥其智能潜力。但现在大多数父母很难以平等的态度对待孩子，要么溺爱过度，处处包办代替，造成孩子依赖性强，自理、自立能力差；要么期望值过高，给予孩子过多的压力，强迫他们不停地学这学那，成为实现父母理想的"工具"和"机器"。这些都剥夺了孩子自由生存、发展的空间，给孩子造成了不必要的精神压力。父母应把孩子看成具有独立人格的平等个体，尊重和理解其兴趣和需要，切合实际地引导他们发展。

　　家庭的语言环境也很重要。语言是人的第二张"脸"，一个人的文化修养可以从他的谈吐中反映出来。成人主要通过语言向孩子传递知识和做人的道理，而孩子又正处在学习说话的年龄，他们对成人的语言往往不分良莠地全盘接收。因此，家长在孩子面前讲话时要注意语言文明、言谈得体、和声细气，不讲粗话、脏话、不文明的话，不粗暴地对待孩子。同时，还要注意鼓励孩子多讲话，指导他们用清楚、连贯、完整的语言，大大方方地表达自己的意见、要求及见闻，以提高孩子的语言表达能力。

还应关注的一点是家庭的消费结构问题。家庭的消费结构是家庭生活价值取向的反映，对孩子的成长有着重要的影响。家庭消费一般分为三个部分：一是日常基本生活消费，如衣、食、住、行等"生活资料"方面的开支；二是改善家庭物质和精神生活条件的消费，如用于购置家电和其他能提高生活水准的设施等"享受资料"的消费；三是用于家庭成员智力开发、知识更新、特长发展等方面的消费，如交纳学费、购买书籍和文具等，这部分叫作"发展资料"。在家庭生活中，"生活资料"是首先要保证的，不同在于"享受资料"和"发展资料"消费的谁先谁后。比如，在"发展资料"上多给予投入，多给子女创造受教育、发展智力、增长才干的条件，会大大有利于子女的身心健康发育；否则，如果在子女的身心发展上舍不得投资，却把大部分收入用于享受上，将对子女产生不良的影响。现实中不难发现，某些家庭居室装修奢华，却难寻一本真正的书籍，即使有也是消遣类或用来装点门面的。长期生活在这种环境中的孩子，与拥有书房、重视文化氛围的家庭的孩子相比，在志趣格局、进取意识上往往差异显著。

三、家庭资源环境

家庭资源环境是指家庭所在地区和邻近地区可以被家庭

教育利用的一切人力、物力、环境和社会组织资源。家庭毕竟是个狭窄的空间，关起门来单纯在家里对孩子进行教育是远远不够的，充分利用各种社会资源，走向社会，投身大自然，可以使孩子开阔眼界，受到活泼有趣的活的教育。

要充分利用自然环境。在钢筋水泥日益限制了活动空间的今天，大自然无疑是孩子活动的最佳场所。"外面的世界真精彩"，一棵草、一朵花、一只小蚂蚱、一颗小石子都会引起他们的惊叹，激发他们的热爱之情，成为他们学习的美好课堂。不要笑话他们专注于探索石缝间的秘密，也不要笑话他们口袋中珍存的石子"宝贝"，要让他们的童心在大自然中得到尽情的挥发，让他们的求知欲在丰富多彩的天地中得到充分的满足。

要充分利用各种文化和社会资源。带领孩子到图书馆、博物馆、少儿活动中心、植物园、动物园、名胜古迹、商店、工厂等地方去参观、学习、玩耍，去认识社会、认识生活、认识祖国、认识人民，去接受多方面的教育。

要对孩子的交友给予指导。结交朋友对孩子的影响不可低估，同龄朋友对孩子的影响有时甚至超过家长、老师等成年人。因为同龄人心理相近，有共同的思想感情、兴趣爱好和语言习惯，尤其到了青少年时期，大都重友情，讲义气，相互之间非常理解、信赖。有时家长、老师讲的话他们不见得听得进去，而对于朋友却是无话不谈。因此，应该重视并发挥交友的正面积极作用，避免负面的消极影响，对孩子的交友及时给予正确的指导。

第六节

给孩子做表率

　　著名文学家老舍幼年丧父，与母亲相依为命。母亲虽不识字，却在日常生活中教会他爱花草、爱整洁、讲礼貌、守秩序的习惯，更将好客、豪放、真挚、热情、百折不挠的性格融入他的血脉。老舍在回忆录中深情地写道："从私塾到小学，到中学，我经历过起码有廿位教师吧，其中有给我很大影响的，也有毫无影响的，但是我的真正的教师，把性格传给我的，是我的母亲。母亲并不识字，她给我的是生命的教育。"① 所谓"生命的教育"，也就是影响终身的教育，这该是多么重要啊！

　　民间有个流传很久的故事。一位母亲生了个男孩，又白又胖，很是可爱。他聪明好动，5 岁时从市上偷来一条鱼，母亲夸奖他机灵；10 岁时从村头偷来一只羊，母亲夸奖他精明；15 岁时从外村偷来一头牛，母亲夸奖他有出息。渐渐地，他的手段越来越高，本事越来越大，不仅拦路劫财，还杀人越货。终于有一天他被官府捉到，绑赴刑场。临刑前他请求最后吃母亲一口奶。母亲颤巍巍地走上前，他却一口咬掉了母亲的乳头，仰天大哭："娘啊！是你害了你的儿啊！"

---

① 老舍. 济南的冬天[M]. 济南:济南出版社,2023:142.

人的性格、作风和行为习惯的形成受遗传影响，但后天的教育与环境才是关键。儿童期是性格、作风和行为习惯形成的重要时期，这个时期的孩子一方面有强烈的模仿欲，另一方面对事物的好坏缺乏辨别，他们看见什么就学什么、模仿什么。你讲的话，他不一定听，但是你的行为，他一定跟着模仿。父母和他们朝夕相处，一举一动、一言一行、一颦一笑，都如同鲜活的教材，被孩子敏锐捕捉。于是，耳濡目染、潜移默化，父母的言谈举止、待人处事方式便在他们心里牢固地扎根，变成了他们的行为方式。因此，父母在各方面的表现如果是真的、善的、美的，他们就学到真的、善的、美的，就会受到良好的教育，健康地成长起来；否则，就正如鲁迅指出的，"父母的缺点，便是子孙灭亡的伏线，生命的危机"[①]。

所以，有人说，孩子是看着父母的背影长大的。父母诚实敬业、关心他人，孩子一般不会玩世不恭、自私自利；父母嗜赌成性、好吃懒做，孩子一般不会艰苦奋斗、勤劳俭朴。当然，例外不是没有，不过只要是例外，就必有例外的原因。

但是，天下父母不论怎样不同，却都有一个共同的目标，就是：望子成龙，望女成凤，后继有人，家道兴旺。因此，你只要做了人父、人母，为家庭计，为孩子计，当然也为自己的晚年计，都需用心塑造自己的背影。

应努力展示出的"背影"是：

---

① 鲁迅. 鲁迅杂文选集[M]. 南京：译林出版社，2023：12.

1. 诚实守信的：不说假话，不做假事；

2. 勤劳敬业的：踏实深耕，精益求精；

3. 好学向上的：手不释卷，敢于创新；

4. 乐于助人的：尊老爱幼，睦邻友善；

5. 迎难而进的：披荆斩棘，勇往直前。

而不是：

1. 欺世骗人的：爱说假话，好做假事；

2. 偷懒耍滑的：好吃懒做，不务正业；

3. 玩世不恭的：轻佻散漫，游戏人生；

4. 自私自利的：损人利己，拨弄是非；

5. 畏难怕事的：推诿逃避，无所作为。

还可列出几条，但我想，有了这两个"五条"，基本上就能起到较好的表率作用了。甚至这几条都可以压缩为一条，那就是时时要想到：孩子在看着我，在跟我学！

但是，知道应展示什么背影，未必就能展示出来。一个人所展示的背影，与他的思想感情、文化修养是密切相关的。对外，可以一时掩饰作秀；在家，和孩子朝夕相处，长期的掩饰终究会露出破绽。因此，父母务必注意，展示背影不应仅仅是为了教育孩子，也是对自己的一个鞭策。"正人先正己"，教育者必先受教育。要做孩子的榜样，父母首要的任务就是先教育自己，提高自己的素质。这是一个教学相长的过程，也是一个不太轻松的过程。但是为了孩子，为了做个称职的家庭教育者，父母应该有决心、有信心，下一番功夫，从此岸到达彼岸。

家庭教育的主要途径不是言教，而是身教。孔子有言："其身正，不令而行；其身不正，虽令不从。"以身作则、导之以行，家庭教育具备了这一条件，才是真正有了"教育者"，否则，所谓的家庭教育就是嘴上抹石灰——白说。那种只说不做的家长，或者说一套做一套的家长，不是称职的家庭教育者；只有身体力行，为孩子树立了做人做事榜样的家长才是称职的家长，有了这样的家长，才可营造出良好的家庭教育环境。

有家长说，在某一方面我无法做孩子的榜样。这种情况非常普遍。金无足赤、人无完人，谁都不可能在所有方面出类拔萃。譬如，许多工人、农民家庭，家长文化水平不高，也不可能回到家就伏案读书，作出一副好学上进的样子。这不要紧。我认为，所谓家长的榜样，主要的体现就是人格和品行，在人格、品行上做了孩子的榜样，就是相当不错的家长。至于其他方面，如果家长感到困难，则可以通过"走出去，请进来"的办法借助外力，如外出拜师、结交益友、选择和购买图书等。有了这样的办法，就没有什么问题不能解决，没有什么困难不能克服。

还需说明的是，家长在能做表率的情况下，也不要强求孩子和自己一个样。孩子虽为父母所生，但其天赋、个性、兴趣不会与父母完全相同。荀子说："青出于蓝而胜于蓝。"对于孩子，要允许多样性，鼓励孩子探索自己的人生路径。

第五章

托起"太阳"应注意什么
——教育孩子的原则

要把"太阳"托起，不仅需要科学合理的方法，更必须遵循一定的原则。方法，是关于解决思想、说话、行动等问题的门路、程序等；原则，是说话或行事所依据的法则或标准。原则和方法，一个是统帅，一个是被统率。脱离原则的方法是不良的方法，甚至错误的方法；脱离方法的原则，是无的放矢的原则，无用的原则。

关于教育孩子的原则，我总结了八项，即德育为先的原则、实践第一的原则、以身作则的原则、表扬为主的原则、言而有信的原则、步调一致的原则、因材施教的原则、民主平等的原则。不过有些时候，原则和要求、方法很难分开来讲，第三、四章对前三项原则已有较多涉及，本章就不再赘述，只重点讲后五项原则。

第一节　　　　　　　　表扬为主的原则

　　表扬给人以力量，催人奋发。表扬为主的原则，是少儿教育的最基本、最行之有效的原则。努力发掘孩子身上的闪光点，哪怕是微小的进步，及时给予赞赏和表扬，会在很大程度上刺激他们渴望进取的内心世界，使他们树立信心，努力进取。不善于表扬的家长，称不上是称职的家长。然而，许多家长在这方面做得远远不够，他们把对孩子的赞赏和表扬看作莫大的恩赐，却把批评和斥责当作家常便饭。例如，孩子考试没考好，拿着试卷神情紧张地回到家时，他们会说："你怎么这么笨，考成这样还有脸回家？"孩子不小心打碎了花瓶，小心翼翼地抬头看向家长时，他们会说："天天毛手毛脚，上辈子是不是闯祸精啊？"孩子刚刚和朋友踢了一场酣畅淋漓的足球赛，嘴角的笑容还没有消失，回家面对的却是他们的训斥："没见过这么脏的孩子，你是从垃圾堆里捡出来的吗？"……这些话也许是家长一时气急脱口而出的，但不可否认的是，它们往往会在孩子心里留下深深的印记，给孩子带来消极的心理暗示，让他们感到沮丧和无助，甚至丧失信心。

　　那么，孩子希望的教育方式是什么样的呢？有位校长告诉我，他曾召开过一次学生座谈会，孩子们的回答如出一辙，就是多表扬、少批评。有个男孩说，他从来没当过干部，做梦都想当，好不容易当了个小队长，兴奋地回家告诉妈妈，可妈妈不但没夸他，还把嘴一撇，说："小队长有什么好吹的？这是中国最小的官儿了！我小时候当的是大队长！"这男孩伤心地说："我本来想给妈妈一个惊喜，没想到挨了一顿呛，我妈咋就这么瞧不上我呢？"有个女孩写了一篇作文，题目是《妈妈，表扬我一次吧》，文中有这样一段话："妈妈从来不表扬我。这个学期我参加了数学竞赛，得了第一名，六一儿童节那天，我还受到了奖励，心里乐滋滋的。我想，这回可该得到妈妈的夸奖了吧？可是，回到家后我兴奋地把奖状在妈妈眼前晃了一下，没想到妈妈看了以后，竟然把脸一沉，冷冰冰地说：'这次考了第一名，以后还能不能再考第一名？'我知道妈妈这是在激励我，可是这叫我多伤心呀！妈妈，表扬我一次好吗？"还有个孩子说："在我的心里，让家长表扬一下是很光荣的事情，但是爸爸妈妈从来不表扬我，只有我考试考得非常好的时候爸爸才说一句：'考这样还算可以。'"不少孩子说："我们希望爸爸妈妈不要总把我们当作一个小孩子，一看到有错就批评，当着好多人的面也批评，话还说得很难听，一点面子也不给留。"听了孩子们这些天真质朴的话，我们能说些什么呢？

美国心理学家罗森塔尔等人曾在一所小学做过一项实验。他们从一至六年级各选了3个班，对这18个班的学生进行了"未来发展趋势测验"。之后，罗森塔尔以赞许的口吻将一份

"最有发展前途者"的名单交给了校长和相关老师，并叮嘱他们务必要保密，以免影响实验的准确性。其实，罗森塔尔撒了一个"谎"，因为名单上的学生是随机挑选出来的。8个月后，当他们再次对这些学生进行智能测验时，发现名单上的学生成绩普遍提高，而且在性格上也更加开朗自信。显然，罗森塔尔的"谎"发挥了作用，对老师产生了暗示，左右了老师对名单上学生能力的评价，而老师又将自己的这一心理活动通过自己的情感、语言和行为传递给学生，从而使学生在各方面取得了异乎寻常的进步。这就是心理学上著名的"罗森塔尔效应"，又称"皮格马利翁效应"。这给了我们一个启示：赞美、信任和期待具有一种能量，能改变人的行为，当一个人获得另一个人的信任、赞美时，便感觉获得了支持，从而增强了自我价值，变得自信、自尊，并产生积极向上的动力，努力达到对方的期待，从而维持这种支持。因此，希望我们的家长都加入赏识孩子的行列中来，尽可能多地捕捉孩子身上的闪光点，给他们以鼓励，哪怕是一个微笑、一次抚摸，都会使他们从中获取无穷的力量，从而激励他们扬起生活的风帆，一步一步地走向成功的彼岸。

著名儿童教育家陈鹤琴曾在《家庭教育》一书中讲述过两个小故事，说的也是这个道理，摘录如下：

志贞的母亲很钟爱志贞，但她要志贞事事做得好。稍微做错了一点，或做得不妥，她就要从严指责说："这里做得不好，那里做得错了，某人同你一样大，但是比你做得好，你想倒霉不倒霉。"她的意思是以为这种教训必能启发志贞的天资，激起志贞做事的兴趣。哪里知道志贞不但没有依从母命而改进，反而发生意懒心灰不肯勤学的态度。她母亲见她如此不肯学习，就愈加用种种消极的方法去刺激她，而她也愈加不肯学习了。

冰心的母亲也很钟爱冰心，但她很懂得冰心的心理，而所用的教法与志贞的母亲所用的恰成一个对比。

凡冰心做事稍微做得好一点，母亲就称赞她说："冰心，你强啦，这里做得这样好看，那里做得那样整齐。"冰心听了就觉得很高兴，下次做的时候，就格外愿意做愿意学了。一日，冰心（那时约有4岁多一点）看见地上有肮脏的东西，就去拿了扫帚畚斗把肮脏物扫去；虽然没有像成人扫得干净，但母亲看见了就极端地称赞。以后冰心就常常去打扫污秽东西而且不久就能打扫得清洁了。这不过是一个例子罢了。总之，不论冰心做事或读书，母亲总是用积极的方法去鼓励的，因此冰心就格外喜欢做事，格外喜欢学习了。[①]

美国著名人际关系学大师戴尔·卡耐基指出："讲到改变人，假如你我愿意鼓励每一个我们所接触的人，使他们认识自己的可贵之处，那么他就一定会脱胎换骨。"[②]

我们说以表扬为主，并不是拒绝所有的批评，更不是无原则地迁就和纵容；而是要多发现孩子的亮点，用更多的嘉奖来代替斥责。作为家长和老师，要多一点宽容。若孩子犯

---

① 陈鹤琴. 家庭教育[M]. 武汉：长江文艺出版社，2013：17.

② 卡耐基. 人性的弱点[M]. 杨建峰，编译. 南昌：百花洲文艺出版社，2018：190.

错是偶尔为之且自省悔悟，就不必再去指责，以免适得其反。即使批评，也要注意方式、方法，注重艺术性，不要粗声大气，不要讽刺挖苦，不要无限上纲；要帮助他们分析清楚错在哪里，原因是什么，怎样改正，以使他们在今后遇到同样问题时能自主解决。否则，滥加批评会伤害孩子的自尊心，甚至使他们产生逆反心理，采取不应采取的对抗行为。同样，在对孩子进行表扬时，也要注意引导他们保持谦虚、持续进步，避免骄傲自满。

　　有的家长说，我很想表扬自己的孩子，但是孩子没有可表扬的地方。这是不可能的。没有大的可表扬的地方，会有小的可表扬的地方，没有优点的孩子是没有的，问题在于你是否善于发现。即使暂时看不到优点，你也可以帮助他"创造"优点。例如，安排孩子做一件轻而易举就可以办到的事情，待完成后及时表扬，第一天安排一件，第二天再安排一件，时间长了，他的优点就会越来越多，就会变得越来越好。

　　让我们牢牢记住这样一句话：大胆地为你的孩子喝彩！渴望被人欣赏是人的天性，对孩子而言更是如此。特别是孩子所热爱、所尊敬、所崇拜的人的欣赏，更会使他们快乐无限，神采飞扬，产生出无穷的力量。在平时的学习和生活中，对孩子多一点表扬和鼓励、少一点批评和指责，多一点宽容和期待、少一点粗暴和苛求，多一点唤醒和点拨、少一点埋怨和空谈，会使他们如沐春风，保持良好的成长心态。请相信，只要真诚地为你的孩子喝彩，你的孩子就一定会焕发出智慧的光芒，创造属于自己的奇迹！

第二节 言而有信的原则

言而有信是树立家长形象、构建和谐家庭、实现有效家庭教育的一个不可忽视的原则。常常听到家长抱怨孩子如何难管教、如何不听话，而且义形于色。他们没有明白，问题的根本原因不在孩子，而在家长，是家长的言而无信把孩子"培养"得"有令不行"；如果家长一直言而有信，孩子自会敬畏规则，不敢肆意妄为。

春秋末期，孙武拿着自己写的兵法进见吴王。吴王读后，想考察一下他的指挥能力，便抽调了180名宫女交给孙武演练。演练开始，孙武把她们分成两队，任命吴王的两个宠姬分别担任队长，并让所有人持戟。孙武问她们："你们是否知道自己的前心、后背和左右手的位置？"众宫女回答："知道！"接着，孙武严肃地说："现在，由我擂鼓发令。令向前，就朝着心所对的方向进击；令向左，就沿着左手的方向进击；令向右，就沿着右手的方向进击；令向后，就朝着背的方向后退。你们能做到吗？"众宫女回答："能！"说明规则之后，孙武就让人准备好执行军法的斧钺，又多次强调了行动规定和军事纪律。众宫女哪里晓得军法的厉害，尤其是两个队长，仗着吴王的宠爱，根本就没把孙武放在眼里。因此，孙武擂鼓发令后，她们反而嘻嘻哈哈闹个不停。孙武没有动怒，他说："大家第一次参加操练，有不明白的地方，是我没有讲清楚。"接着他把军令和操练要求又讲了一遍，再次击鼓发令。可是宫女们仍然大笑不止。这时孙武威严地宣布："如果没讲清楚具体规则，是将领的过错；但是既然规则大家都明白，却不执行，那就是队长的过错。"说完，就要斩杀两个队长。坐在高台上观看演练的吴王看到要斩他的两个宠姬，不由得大吃一惊，赶忙派人传旨赦免二人。孙武回答："现在我是主将，将在外，君命有所不受。"接着就把两个宠姬杀掉了。众宫女见孙武言出法随，再也不敢怠慢。她们排成整齐的队伍，随着令鼓令旗，前后左右，起卧进退，做得无不符合要求。

这里我不想评说吴王的两个宠姬是该杀还是该罚，只想说如果孙武照吴王的旨意赦免了他的两个宠姬，众宫女就不会"做得无不符合要求"，因为他们知道孙武言而无信；她们所以"做得无不符合要求"，就是因为害怕会像吴王的两个宠姬一样被斩杀。练兵是这样，家庭教育也是这样，一个道理。

曾看到一则小幽默，题目是《谁说话算数》。一个小学生在填一张表格，上面有"家长姓名"一栏，他不知道是该填爸爸还是妈妈。他问老师："家长姓名是写妈妈吗？"老师回答："谁说话算数你就写谁吧。"这学生托着腮帮想了半天，喃喃自语道："那……那……那就只能写我自己了。"这则幽默以略带辛辣的方式折射出家庭教育中一个值得警惕的现象——家长言而无信的普遍性。

家长言而无信的表现主要有三：一是哄骗。古代有个曾子杀猪的故事。曾参的妻子要到集市去，她的儿子非要跟着，在后面哭哭啼啼。妻子对孩子说："你在家等着吧，我回来给你杀猪吃。"她从集市上回来，发现曾参已经把猪逮住，正举刀要杀，急忙上前制止说："我那只不过是和孩子说着玩，你怎么能当真呢？"曾参说："和孩子怎么可以说着玩呢？小孩子不懂事，处处跟着父母学。你欺骗他，他以后不光不再相信你，还会跟你学骗人！这可不是教育孩子的好方法啊！"说完，曾参就把猪杀掉了。这个故事之所以千古流传，就是因为像曾参这样的父母太少，而像曾参妻子一样的父母太多。我们不是常常看到父母对孩子这样说吗："不要哭了，明天给你买个大汽车。""不要闹了，下次带你逛公园。"事后却选择性遗忘。二是恐吓。"谁好闹，警察叔叔就抓谁。""再哭，我就不要你了。"有些父母常常把这样的话挂在嘴上。三是给孩子定了规矩不算数、朝令夕改，这是作用最坏的。例如，有的孩子沉迷上网，经常光顾网吧，家长告诉孩子不准再去，再去就打。第二天孩子去了，家长说："饶你这一次，下不为例。"第三天孩子又去了，家长说再饶你这一次。慢慢地，孩子恶习形成，再打，作用已微乎其微了。

无论在家庭还是在社会中，言而无信的人终将失去他人的信任，孩子也是如此。切勿因他们年幼，便忽视对其信守承诺的重要性。孩子虽小，却是独立的个体，拥有自主意识。即便他们尚无足够力量正面反抗家长的"食言"，却未必不会以自己能够采取的方式向你"讨回公道"。他会对你的许诺嗤之以鼻，会对你提出的要求无动于衷，会对你定下的规矩阳奉阴违。当孩子觉得欺骗比诚实、不守规矩比守规矩更有利的时候，家长在孩子心目中的威信就没有了，对孩子的教育便也一败涂地了。所以，"言而有信，言出必践"是对一个称职家长的最低要求——来不得半点儿戏的要求。

因此，家长必须记住：

第一，不要信口开河、随意许诺。切勿随口对孩子承诺超出能力范围或不切实际的事项，如"买个大汽车""买个大飞机"之类。你的"诺"一旦出口，不管多么超出你的承受能力或者多么微不足道，都务必照办，不可反悔，就像曾参一样；否则，孩子就对你不再信任。

第二，不要灵机一动就给孩子定规矩。给孩子定的规矩要使孩子能够办到，不要要求过高。"这次考不好就别回家了""下次再撒谎就打死你"一类的话绝对不能出口。规则的执行需保持连贯性，不能忽冷忽热，今天要求孩子这么做，明天又要求孩子那么做。例如，部分家长看到孩子考试成绩不理想时，往往情绪激动地训斥孩子，并提出一系列严苛要求，然而考试结束后没过几天，当孩子沉迷手机无法自拔时，家长却早已将此前的要求抛诸脑后，放任不管。这种"说话不算数"的做法，只会让孩子逐渐对家长的教导失去敬畏，越发不愿听从管教。所以，规矩一旦定下，如果没有不当的地方，就必须坚决履行，不管孩子如何纠缠，都应该按照事先约定的惩罚措施执行；对于孩子的不合理要求，哪怕再容易实现，也决不能让步。

第三，若家长的许诺或定下的规矩确实无法兑现或执行，必须向孩子作出合情合理的解释和检讨，争取孩子的理解。这一点对于个别家长来说是很难的，但是不论怎么难，都必须做到；否则，不仅影响家长在孩子心目中的威信，还可能让孩子模仿这种"拒不认错"的不良品德。要培养孩子的良好习惯，家长首先要严于律己、以身作则，做到言而有信，言出必践；除此之外，别无他法。出尔反尔、言而无信，这样的家长，是最糟糕的家长。

有位妈妈讲了她和儿子之间的一次"较量"。儿子刚学会下象棋的时候很上瘾，天天晚上都去楼下和小朋友下棋，回家很晚。妈妈觉得这样下去对儿子有害无益，于是在儿子又一次提出要去下棋时，和他约定9点前必须回家，儿子满口答应。临走时，妈妈又特意叮嘱"要言而有信"。但是当晚儿子直到9点45分才回家。听到儿子的敲门声，妈妈没有去开门。"妈妈，我回来了！"儿子边喊边敲门，未得到回应。"妈妈出去啦？"儿子小声嘀咕，下楼去问小卖部阿姨是否看到过妈妈，得知妈妈未出门后，又疲惫地折返。妈妈很心疼儿子，但努力克制着自己，直到10点15分才起身把门打开。"妈妈，你刚才为什么不开门？"儿子责备妈妈。妈妈一言不发，只静静地看着儿子，儿子高昂着的头慢慢垂了下来，不好意思地解释："我一下棋就把时间给忘了。"母亲一字一顿地说："以后再这样，我开门的时间还会更晚。"以后，儿子无论参加什么活动，都能做到按时回家。

在这个过程中,妈妈并非铁石心肠,而是用行动让孩子体会到"失信需要付出代价"。她以看似"冷酷"的坚持向孩子传递了一个重要信号:承诺一旦作出,就必须遵守,否则就要承担后果。这种"身教"远比言语说教更有力量,让孩子在亲身经历中理解"言而有信"的分量,进而内化为对规则的敬畏。

第三节　　　　　　　　步调一致的原则

　　家长,既指爸爸、妈妈,也包括家中的其他长辈,如爷爷、奶奶、姥爷、姥姥。所谓步调一致,就是在家庭教育中,指导思想、对孩子的要求、所采取的教育方法等都做到一致。

　　有一个四年级的孩子,一次放假时,吃过早饭,没顾上做作业就和朋友一块出去玩了,直到10点半才回家。正当他打开书本要做作业时,妈妈从厨房出来,气冲冲地说:"你去哪里啦?光知道玩,能学好吗?"爸爸在一旁不紧不慢地说:"跟小朋友一起玩也没有什么不好的,玩也是学习。不能为了做作业,就不让孩子玩。"妈妈和爸爸由此争吵起来,孩子在一旁不知所措。

　　人的学识、经验、性格不同,在对孩子的教育上存在意见分歧是不足为怪的。双亲家庭这样,三代同堂的家庭更会这样。祖父母(外祖父母)和儿孙生活在一起,第三代可以得到更多的爱和更充分的教育，生活上的照顾和日常的管理也会比较周到；同时，老人也需要儿女的照顾，孩子容易从父母身上学到关心、照顾老人的好品质。这是优越的一面，但也有另一面。祖父母（外祖父母）年纪较大，旧意识多一些，新思想少一些，而父母年轻，新思想会多一些；祖父母（外祖父母）觉得自己带过孩子，有经验，父母觉得长辈的那一套已经过时；祖父母（外祖父母）和孙辈是隔代人，容易疼得过分，甚至娇惯溺爱，而父母在这方面一般会比较理智。由于这些原因，父母和祖父母（外祖父母）在教育思想、教育内容和教育方法等方面会有很大的差异。

孩子年幼，是非观念不强，家长说什么样，他们就认为是什么样，家长的是非就是他们的是非。家长之间在教育孩子上的分歧，如果及时解决，对孩子的成长不会产生不良影响，但是如果长时间存在下去，则会对孩子造成伤害：一是会影响孩子的心理健康。家长的分歧、争辩甚至争吵会造成紧张的家庭气氛，使孩子内心感到不安，承受很大的压力。二是容易养成孩子的不良习气。家长的态度不同会给孩子留下可钻的空子，谁的态度对他有利，他就倾向谁，找谁庇护。这样时间长了，容易使他们养成见风使舵的不良习气。三是容易使孩子不辨是非。由于孩子的是非观念不强，家庭中主导者的是非观念会对他们产生极大影响，时间长了，会造成他们只信任、依赖主导者一方，从而丧失自己辨别是非的能力。

因此，为了孩子的身心健康，在家庭教育上，家长必须同吹一支"号"，同唱一首"歌"，步调一致，形成合力。其主要要求是"四个一致"：

第一，指导思想要一致。这个指导思想就是：把孩子培养教育成德智体美劳全面发展的社会主义建设者和接班人。除了这个指导思想，不要再有其他的指导思想。"金钱至上""权力至上""拉关系至上"等一切腐朽的思想都会严重污染孩子的心灵，必须彻底清除。

第二，具体要求要一致。不论对孩子思想道德、文化学习上的要求，还是文明礼貌、生活习惯等各方面的要求，家长的意见必须一致，不能爸爸提这样的要求，妈妈提那样的要求，而爷爷、奶奶又提另一种要求，使得孩子无所适从，不知该听谁的。

第三，教育方法要一致。比如，在对孩子的教育上，是启发诱导还是强制灌输；在对孩子的生活上，是"再穷不能穷孩子"还是让孩子和家庭的其他成员一样；在对孩子某一次错误的处罚上，是立即实施还是等冷静下来以后再说；等等。家长的教育方法、做法必须一致。

第四，对孩子的态度要一致。三代同堂的家庭，对孩子往往父亲严、母亲慈、奶奶庇护。例如，有的孩子不尊重老人甚至满嘴脏话，妈妈批评孩子"不能这样"，奶奶却说："没关系，还小呢！长大了就好了。"这样对孩子的成长非常不利。在家庭教育中，决不能一个"唱红脸"，一个"唱白脸"，更不能当着孩子的面互相数落和指责。

这"四个一致"说起来不难，但要真正做到，也不像完成一次家务、购买一件物品那么容易。不过，由于家长培养孩子的大目标相同，分歧也不是不能消除。

第一，要通过电视、书报、网络等媒体，加强对家庭教育理论的学习，转变过时的旧思想，树立与时俱进的新意识。大家都掌握了科学的育儿方法，"步调一致"就容易实现了。

第二，要相互理解，多做沟通。作为年轻的父母，要多看老人的优点和经验，尊重他们的意见，同时也要注意经常向他们宣传新的教育思想和观念。在和老人统一思想时，一定要注意方式和方法，掌握好时间和火候。大多数老人是通情达理的，只要耐心地与老人交流，年轻父母的好想法、好建议一定会被老人接受，因为大家的目标都是要把孩子教育好。老人也要理解年轻的父母，在向他们传授自己的经验的同时，要耐心听取他们的意见和建议。总之，家长之间要多做沟通，相互理解，求同存异，取得共识。

第三，家长的分歧一时无法消除时，也注意不要暴露在孩子面前。对此，家长可达成如下约定：当意见不一致时，如果不是十分必要，持不同意见的一方要暂时保持沉默，待孩子离开以后再交换意见；若需立即纠正，应先将孩子带离现场，待意见统一后再告诉孩子。最要紧的是，家长不要当着孩子的面争论不休。在这个问题上，近年有人提出不同的看法，认为家长意见出现分歧的时候，可以和孩子一块儿进行讨论，听听孩子的想法。我认为，这个办法不是不可用，但有两点限制：一是孩子必须具备了分辨是非的能力；二是必须是孩子应该参与讨论的问题，涉及规则执行（如既定的惩罚措施）等的原则性问题就不应让孩子参与讨论。

在家庭教育协同中，爸爸的角色至关重要。作为妈妈与爷爷、奶奶的桥梁，爸爸需主动承担协调责任。妈妈如果与爷爷、奶奶存在观念冲突，要先和爸爸商量，让爸爸进行协调沟通；爷爷、奶奶如果对妈妈有不同意见，也要先和爸爸交流，通过爸爸向妈妈反馈。只要爸爸这个"关键作用"发挥好了，"四个一致"就不难做到。

我想起了我母亲的一件往事。我的大儿子第一天上小学的时候，我爱人去送他，他很听话地就去了。大概第一天在学校觉得不习惯，第二天上学时，他说什么也不愿再去。我气急了，朝他的屁股"啪啪"就是两巴掌。当时母亲正在堂屋补衣服，看到我打孩子，什么话也没说，站起来回里屋去了。孩子走后我来到里屋，见母亲正坐在床边掉泪。我不明就里，只好默默地站着。过了一会儿，母亲撩起衣襟擦掉泪水，嗔怪地看了我一眼，说："打那么狠，我心疼啊！对你，我可从来没打过一下。"我也后悔当时下手重了些。可当着孩子的面，母亲没有责备我半句，大概是怕我以后对孩子说话不灵吧。我母亲去世已经十几年了，这件事至今仍深深地刻在我的心上。她老人家一个字不识，但懂得怎样教育孩子。我的母亲，是一个了不起的母亲。

第四节 ————————————— 因材施教的原则

我们都知道韩非是战国末期著名的哲学家、思想家，法家思想的集大成者，后世称"韩子"或"韩非子"。他生下来就口吃，不善言谈，但是当时的著名学府"稷下学宫"接纳了他。思想家荀子既看到了他口吃的短处，更发现了他质疑善思的长处。在荀子等的教导下，他扬长避短，终成大家，写出了令秦王嬴政叫绝的文章。韩非能够成才，就是因为荀子因材施教。

因材施教的"材"，主要指一个人的兴趣、能力、气质和性格等特征。因材施教，就是从孩子的实际出发，针对他们的特点，进行有的放矢的教育，使其按照适合自己的路径成长，从而取得最佳的教育效果。在中国教育史上，孔子最早提出因材施教的主张。宋代朱熹在《论语》的注解中指出，孔子教人各因其材。这就是"因材施教"一词的由来。读《论语》可知，孔子对自己学生很了解，他清楚每个学生的性格特点和智力水平，并且针对其不同的特点采用不同的方法进行教育，因此培养出各种不同的人才。

因材施教原则是孩子身心发展的规律在教育中的应用。奇形怪状的树根在一般人看来不过一堆柴火，但是在雕塑家的眼里却多彩多姿，有的甚至是"奇才"，经过雕琢加工，便成为举世无双的工艺精品。"一废"变"一精"，就是因为因材施教（雕）。孩子的心理特点和智力水平既有一定的普遍性，又有各自的特殊性。针对这种普遍性和特殊性实施教育，既有利于扬长避短、长善救失，又有利于助力孩子尽早成才、快速成长。韩非成才的例子对我们是很好的启发，荀子等的因材施教使他笔下生花，成为战国时期法家思想的集大成者，令后人景仰。由此我想起流传很久的一句话："没有教不好的学生，只有不会教的先生。"近年有人将这句话引申到家教，说："没有教育不好的孩子，只有不会教育的家长。"实践也证明，一个人不管多么"愚钝"，都是可以教的，甚至是可以教好的，关键是家长或老师会不会教育。

　　要因材施教，首先必须清楚自己的孩子是个什么样的"材"。有的家长可能说"知女莫如母，知子莫如父"，孩子是自己的亲生骨肉，难道还不了解？其实不然。可以这样想一想：你了解他的言行，是否了解他的内心？你了解他在家的表现，是否了解他在外的表现？你了解他的长处，是否了解他的短处？你了解他的一般行为，是否了解他的偶尔闪现的天赋光芒？你了解他的现实表现，是否知道这些表现对他以后的影响？常言道"孩子都是自家的好""谁家的孩子谁家爱"。知子，最怕的就是"一爱"遮百丑，或者爱其一点不及其余，用放大镜看优点，对缺点则"大的化小，小的化了"。了解孩子，是因材施教的先决条件。如果对孩子不了解，就会像韩愈在《马说》中所指出的："食马者不知其能千里而食也", "故虽有名马, 祇辱于奴隶人之手, 骈死于槽枥之间, 不以千里称也"。

要真正了解孩子, 首先, 必须对他们进行细致、敏锐的观察。观察他们做什么, 说什么; 喜欢什么, 不喜欢什么; 擅长什么, 不擅长什么等。有的家长通过撰写成长日记, 系统记录孩子的发展轨迹, 为因材施教积累依据, 这种办法很好。其次, 要和孩子交心、谈心。在工作之余要尽可能多地和孩子接触, 尝试 "角色代入"——回溯二三十年前的成长体验, 缩短代际心理距离, 走进孩子的内心世界, 掌握其思想脉搏, 研究其心理状态。最后, 要进行多方面的调查, 向邻居、老师、同伴等多方了解孩子的表现, 调查时需保持客观, 摒弃护短心态。在此基础上, 要做两方面的比较。一是将孩子各方面的表现进行比较。看哪些是经常出现的, 哪些是偶尔为之的; 哪些是主要的, 哪些是次要的; 哪些只是表象, 哪些反映了本质; 等等。二是将自己的孩子和其他同龄孩子比较。如果自己的孩子超前了, 那当然很好; 如果落后了, 如一般的孩子已摆脱以自我为中心, 会干家务, 养成了良好的学习习惯, 而自己的孩子还以自我为中心, 生活不能自理, 学习要人监督, 就要引起警惕, 认真分析原因。没有比较就没有鉴别。只有通过比较, 家长才能对自己孩子的状况有一个整体的把握, 进而科学制定家庭教育策略。

这里有一点需要特别指出, 就是对于孩子在学习上的表现, 不要只看考试分数。考试分数是孩子学习情况的参考指标, 是教学反馈的工具, 而非评判孩子价值的唯一标准。学生要德智体美劳全面发展，就算考试成绩不好，在其他方面表现出色，同样也是一名优秀的学生。英国教育家斯宾塞曾经说过："不要太看重孩子的考试分数，尽管它是一个暂时无法改变的事实，而应该更多地去关注孩子的思维能力、学习方法，尽量留住孩子最宝贵的兴趣和同样宝贵的好奇心。不要用分数去判断一个孩子的优劣、好坏，也不要以此为荣辱。"①

对孩子因材施教，主要做法如下：

第一，根据孩子的气质类型施教。

遗传学、心理学和社会学的研究结果都指出，人的先天资质（天赋）的形成与其遗传基因有密切的关系。就是说，人在某些方面的"材"是与生俱来的，遗传基因决定了人与人之间的不同。有的心理学家把人的气质分为四种类型，即胆汁质、多血质、黏液质和抑郁质。对不同气质的孩子，应当采用不同的方法施教。胆汁质的人一般热情积极、情感强烈、有毅力、办事迅速坚决、言语明确，但容易自负和傲慢。对这种气质的孩子，不要轻易激怒他，要训练他的自制力，使其能够逐步沉着冷静地处理问题。多血质的人情感丰富易变、反应敏捷、姿态活泼、面部表情生动、表达力和感染力很强，但容易轻举妄动，缺乏耐心和毅力。对这种气质的孩子，可以给他多种活动的机会，布置稍有难度的任务，让其在多元体验中释放精力，并学会克服困难。黏液质的人情感不外

①　斯宾塞. 斯宾塞的快乐教育[M]. 颜真，译. 福州：海峡文艺出版社，2002：189-190.

露但持久、行事谨慎、耐力突出、反应速度较慢。对这种气质的孩子，要耐心细致地照料和教育，给他充裕的时间考虑和做事，沟通时注意措辞，避免言语刺伤其自尊心。抑郁质的人一般多愁善感，对喜悦体验不深，对忧愁的体验却深刻持久；动作一般较为迟缓、不果断，但思维透彻、想象力丰富。对这种气质的孩子，要给予更多的体贴和关心，避免在公开场合对其大声指责；要根据其接受能力提出适宜的要求，使其树立信心，勇敢地前进。总之，孩子的气质类型不同，家长的教育方法也应有所不同，别人的"尚方宝剑""教子秘诀"，对自己的孩子不一定适用。

孔子很善于根据弟子的气质施教。子路向他请教："先生，如果我听到一种正确的主张，可以立刻去做吗？"孔子看了他一眼，慢慢地说："总要问一下父亲和兄长吧？怎么能一听到就去做呢？"子路刚离开，冉有走到孔子面前恭敬地问："先生，我要是听到正确的主张，就应该立刻去实行吗？"孔子当即回答："对，应该立刻实行。"冉有走后，把这一切看在眼里的公西华奇怪地问孔子："先生，一样的问题你的回答怎么相反呢？"孔子笑了笑解释说："冉有性格谦恭，办事犹豫不决，所以我鼓励他临事果断。但是子路逞强好胜，办事不周全，所以我就劝他遇事多听取别人的意见，三思而后行。"

第二，根据孩子的年龄特点施教。

学龄前儿童的教育前面已讲得较多，这里只谈一下对入学以后孩子的因材施教。在小学低年级，孩子刚刚入学，对学校充满好奇,敬畏老师,学习兴趣浓厚;但由于对学校生活、校规校纪不熟悉,通常会坐不住,上课做小动作,也有的孩子依赖性较强、娇气任性。在这个时期,家长要积极培养孩子独立生活和学习的能力,引导他们渡过入学的"适应关"。

到了小学中年级,孩子一般已适应学校的生活,养成最基本的学习习惯;但由于知识和能力有限,对是非、善恶和美丑有时难以作出正确的判断。对这一年龄段的孩子,要注意进一步引导他们养成良好的学习习惯,学会交友,并通过开展有益的活动提高他们辨别是非的能力。

小学高年级的孩子自我意识觉醒,表现出"小大人"的独立倾向,对家长产生逆反心理;但辨别是非的能力仍然较差,容易冲动蛮干。因此,对他们要注意尊重个性,耐心细致地进行教育,使其进一步提高辨别是非的能力。切记对他们不要采取压制、包办的办法。

第三,根据孩子的兴趣爱好施教。

因材施教仅依赖气质类型与年龄特点仍显不足,因为:其一,每个孩子都是独一无二的个体,世界上没有完全相同的两片树叶,更没有完全相同的两个孩子,气质与年龄的共性无法覆盖全部个性特征;其二,传统教育易侧重"补短板",而因材施教的核心在于"扬长处",通过发挥优势带动整体发展。因此,要把因材施教落实到自己孩子身上,必须认真研究孩子所独有的性格、兴趣和爱好等特点,在此基础上:一是因势利导或孵化生成。因势利导,就是如果自己的孩子素质较高，就加以正确的引导，使其所长得以发挥，成为领域的佼佼者；孵化生成，就是如果自己的孩子在某方面较弱，就努力捕捉这个方面好的苗头，捕捉到以后，对这个苗头加以孵化、催化和培育，使苗头成苗成材。二是循序渐进。尊重孩子发展和成才的规律，既不放任自流，也不揠苗助长，要循序渐进地推进。三是均衡发展。人的能力是多方面的，这些方面相辅相成，任何一个方面都难以"单兵独进"。因此，在扬孩子某一方面之长的同时，务必要注意均衡发展。

谈到因材施教，很容易联想到一些违背因材施教的做法。这些做法，家庭里有，学校里也有。一是盲目跟风，社会上流行啥，一哄而上都学啥。前些年某地刮起一股"小提琴风"，有一个姓吴的女孩，在校成绩本来很好，可家长非逼着她学小提琴，结果小提琴没学好，成绩也降了下来，错失升学机会。二是将家长意志强加到孩子身上。某著名音乐家从小酷爱音乐，却被商人父亲逼迫攻读商学，毕业后从商两年持续亏损，最终回归音乐创作才获得成功。家长喜欢什么就让孩子学习什么也不是不可以，这方面的名人世家很多，但当孩子与家长期望的领域不匹配时，强行逼迫往往导致人才埋没。

龚自珍很多年前就喊出："我劝天公重抖擞，不拘一格降人材。"可是，为什么到了今天，有些人仍不让我们的孩子展开天才的翅膀，到蔚蓝的天空里去自由地飞翔呢？

第五节　　　　　　　　　　　民主平等的原则

国家讲民主平等，家庭也要讲民主平等。什么是家庭的民主平等？我的理解是，在一个家庭，不论男女、长幼，第一，在人格上是平等的；第二，对于涉及全家的事情，都有表达意见的权利，对于涉及自己的事情，更有表达意愿的权利；第三，解决家中的问题要采取讨论、协商或说服的办法，任何人不能把自己的意志（家长的意志或"小皇帝"的意志）强加于他人；第四，家庭成员之间既有长幼之间的尊爱，又像朋友一样坦诚，和睦相处。老舍的儿子舒乙曾回忆自己的父亲说，留洋在外多年的父亲回国一见到自己，就微笑着伸出自己的一只大手说："你好，舒乙！"这个场景令我印象深刻，正是这一句再普通不过的话，这一次再普通不过的握手，充分体现了老舍作为父亲的民主风度。

家庭是孩子的摇篮，他们的健康心理、良好个性和行为的培养以及智慧的开发，都要在这个摇篮里进行。家庭民主平等，孩子就如同沐浴着阳光雨露的幼苗，健康茁壮地成长；家庭专制独裁，他们则如同生活于风雨飘摇的茅屋，身心都会遭受摧残。然而不少家庭缺乏民主平等气息，家长居高临下地支配孩子的肉体和精神。他们没有或很少考虑孩子的所思所想、所需所求、所爱所恨；很少或根本不坐下来与孩子心平气和地交心、谈心；他们衡量孩子的优劣好坏，除"听话"与"不听话"之外再没有其他标准，很少或根本不把孩子当作一个具有独立人格的人来看待。在这种家庭里成长的孩子，心灵遭受着蹂躏，智慧遭受着扼杀；其性格，有的暴戾固执，有的懦弱刻板，而且长大以后对家长一般不会尊敬爱戴。有位年过半百的作家在提到自己父亲时说："我已在外独立生活多年，以为父亲不会再对我斥责了，可就在两个月前，父亲从东北打来电话，竟因一点小事对我破口大骂。我思念我的父亲，但又很怕和他相处。父亲只要见到我，不是批评就是教育，直到现在他仍把我看成3岁的孩子。"相反，一位在民主平等的家庭里成长起来的女士这样写道："我经常和老妈聊天，什么都聊，彼此像朋友一样。""我很喜欢我的父母，我什么话都能跟他们说，因为我需要他们给我建议。'不听老人言，吃亏在眼前'，这句话虽不是绝对有理，但对我很重要。""我爱我的父母，希望他们幸福地生活！"

家庭不应是学校的翻版，家庭教育也绝非家长一见到孩子就开启训话模式。真正的教育应融入日常家庭生活，而非让孩子时刻处于被教育的状态——持续的教育压力会让孩子如同背负沉重枷锁，在疲惫中失去成长的活力。实行民主平等，就是为了给他们营造一个健康成长的乐园，使他们感到如鱼得水——请注意，这个"水"是大江大河里的水，而不是鱼缸里的水。但是，有些在"父父子子"熏陶下成长起来的家长，担心实行民主平等会影响家长的威信，自己说的话不再有威信。其实，这是不明白什么是威信。苏联著名教育家马卡连柯曾经说过："威信本身的意义在于它不要求任何的论证，在于它是一种不可怀疑的长者的尊严、他的力量和价值。"[①]家长的威信是家长与孩子之间的一种积极的、肯定的相互关系。这种关系的基础是家长对孩子的尊重与孩子对家长的爱戴。它排斥训斥与听命、支配与服从的封建君主专制式的"威信"，也排斥家长为了抬高自己的地位而人为树立的那种虚假的权威。马卡连柯还指出了几种虚假的"威信"，如"以高压获得的威信"，即把威信建立在威胁、惩罚和恐吓之上，使子女对家长产生畏惧；"以慈善获得的威信"，即一味地宠爱孩子，助长孩子的利己倾向；"以馈赠获得的威信"，即给孩子一些额外的好处，使孩子为利益所动。[②]有的家庭，爸爸建立自己"高压的威信"，妈妈建立自己"爱抚的威信"，奶奶建立自己"慈善的威信"，孩子深受其害。真正的威信应是在民主平等的前提下建立起来的威信。

家庭中怎么形成民主平等的氛围呢？根据一些家长的经验，比较好的办法是实行"四个尊重"：

第一，相互尊重人格。

孩子是父母所生，但不是父母的附属品，父母要尊重

---

① 吴式颖. 马卡连柯教育文集：下卷[M]. 北京：人民教育出版社，1985：139.

② 同① 140-144.

孩子的人格，不要把孩子当作"出气筒"，心里有气就朝着孩子撒。即使孩子做了错事，批评也要掌握好语言的分寸和表达方式，要允许孩子犯错误，不要一犯错误就以粗暴的方式对待。只有与孩子关系融洽才最容易说服孩子，如果不能站在孩子的角度理解孩子的感受，即使懂得道理，你也没法明智地教育孩子。同时，要注意引导孩子尊重家长。养育之恩是亲子关系的根基，不尊重父母的孩子难以形成健全的人格。培养尊重意识应从小事着手，如出门时道声别，进家时问声好，称呼家长用"您"，自己的事不推给家长做，主动分担家务等。

对孩子尊重不等于对孩子的事大包大揽，那种只一味为孩子作出牺牲的家长，不会给孩子的成长带来好处。

第二，相互尊重情感。

育人的关键在于塑造人的灵魂，塑造灵魂的前提是尊重对方的情感。为人父母，要学会以一颗平等的心体验孩子的喜怒哀乐，从他们心灵的深处寻找教育的突破口，不可遇事主观臆断或简单粗暴。例如，假日孩子提出要和同学外出时，我们不能不问缘由就命令式地阻止，要听听孩子的心声，如果说得合情合理，就不要伤他的心，不仅应支持，还可提供帮助，让孩子感受到信任和尊重。同时，还要教育孩子尊重家长的情感。要懂得家长的酸甜苦辣，学会和家长同甘共苦、同忧同乐，不说惹家长生气的话，不做惹家长生气的事。

第三，相互尊重意见。

任何一个孩子，从本质上讲都不会拒绝家长的"管教"，他们知道自己经历的不多，懂得的不多；他们所希望的就是被理解，能把自己的话讲出来，使家长的"管教"更切合实际。当家长创造畅所欲言的环境并真诚接纳意见时，家庭便具备了民主的内核，亲子也能在交流中共同成长。孩子到了一定的年龄，都有一定的分辨是非的能力，对于家中的事情，哪怕是添置家具，最好都能听听孩子的想法，只要合理，就予以采纳。同时，还要教育孩子尊重家长的意见。要使他们懂得，家长的意见可能有错，但是家长比他们经历多、见识多，十次判断中可能只错一次，而他们的可能错三四次或更多，所以对于家长的意见，他们一定要特别尊重，认真考虑，不可赌气顶牛。

人有不同的认识非常正常，即使相互尊重，也难免发生分歧。当家长和孩子的意见不同时，应该如何处理呢？应针对不同的情况区别对待：其一，对于家长拿得准而又对孩子一生有重大影响的事情，家长需坚守立场，但要杜绝"压服"。某小学四年级有个女孩有一次说了谎，妈妈知道后对她进行批评，她却拒不认错，妈妈并未针锋相对，而是让她先回自己房间反省。第二天，母女俩都从比较激烈的情绪中走了出来，妈妈问到昨天的事时，女孩低着头羞愧地承认自己做错了。假如这位妈妈看到女儿不肯让步就强行压制，其结果说不定会适得其反。其二，对于因孩子认知局限导致的分歧，家长应对孩子加以包容引导。如有的孩子特别顽皮、好打闹，有时会损坏物品或影响到他人，或是为了探个究竟把新买的玩具拆散……这都是孩子生理和心理发育不成熟造成的，并非主观恶意，拆玩具则是好奇心驱动，而非破坏。对于这类情况，家长不应该过多地责备、训斥孩子，而应和孩子沟通交流，甚至共同分析玩具的构造，将分歧转化为教育的契机。其三，对日常其他非原则性的问题，可以采用少数服从多数或做游戏的办法决定。比如，对于双休日去哪里玩，家庭成员都发表意见，然后按多数人的意见办；中午吃什么饭，如果有争议，可用"石头剪刀布"的游戏决定，使家庭充满活泼、民主的气氛。相互尊重对方的意见不是不分是非。有人说，家庭教育的艺术性在于针对孩子的特点，采取内刚（原则性）与外柔（艺术性）相结合的办法，这就好比在苦药的外面包裹上糖衣，既可收到药效又便于孩子接受。营造家庭民主平等的教育氛围，就是这种艺术性的体现。

第四，相互尊重劳动。

尊重对方的劳动是相互沟通、加深感情的有效途径。孩子活泼好动，从小就爱培个土堆，栽个花草，捏个泥人，学着家长做简单的家务等。对于孩子的劳动，家长应秉持欣赏的态度，即使出了错，如洗碗打碎了碗碟，整理书包弄坏了拉链，家长也不应该过多地责备、训斥孩子，而是应该指出错在了哪里，并示范正确的操作方法，让孩子在实践中学习、成长。同时，也要教育孩子尊重家长的劳动。家长兼顾工作、家务、赡养长辈与养育子女，其中的辛劳不言而喻。作为孩子，理应体谅这份付出，摒弃"要这要那、追求吃穿是理所当然"的想法。唯有如此，才能从内心深处生发出对父母的感激与敬重。

建立民主平等的家庭，要防止对孩子无原则的迁就，防止孩子"小皇帝"意识的滋生和发展。家长专制不是民主平等，"小皇帝"专制也不是民主平等。而现在，"小皇帝"专制的现象比较普遍，这是时下影响孩子健康成长的一个非常严重的问题，务必引起家长们的警惕。

我们所知道的很多名人都是成长于民主平等、和睦温馨的家庭。列宁的父亲在外为人公正，在家很讲民主，每次外出回家，总给孩子们讲各种新闻，并询问孩子们各方面的情况。家中的事情，大到选择职业，小到添置东西，他总喜欢听听孩子们的意见。孩子们说得对，他就听孩子的；孩子们说得不对，他就耐心解释；他自己的意见错了，就向孩子们承认错误并加以纠正。这种民主的气氛培养了列宁追求真理、平等待人、不搞特殊的优秀品质。马克思也是在这样的家庭环境里成长起来的，他的父母很尊重他在学业和事业上的选择。而且马克思也继承了这样的家庭传统，对自己的孩子很讲民主。他工作累了休息的时候，经常像个孩子似的和女儿们一起做游戏，从来不端家长的架子。他惜时如金，在书桌旁常常一坐就是一天，谁劝也不听。遇到这种情况，夫人燕妮就让小女儿去"捣乱"，好让马克思休息一下。马克思一看到小女儿，就会马上放下手头的工作，和女儿一起做游戏、吟诵诗歌，甚至扮作一匹马，驮着女儿玩。

我国"两弹一星"元勋钱学森也成长于一个和睦友爱的家庭。母亲章兰娟热情开朗、心地善良，还颇有文化素养和数学天赋。在母亲的教导下，幼年钱学森背唐诗宋词，做数学游戏，培养了广泛的兴趣爱好。父亲钱均夫是一位教育家、文史专家，虽公事繁忙，但尽职尽责，经常亲自为儿子挑选读物，还给他讲庄子的《逍遥游》，一起讨论《水浒传》的英雄豪杰。父亲还十分重视培养钱学森多方面的才智，使其得到充分的发展。

想起黎巴嫩诗人纪伯伦的一首诗——《孩子》，照录如下：

你们的孩子并不是你们的孩子，

他们是生命对自身的渴求的儿女。

他们借你们而来，却不是因你们而来，

尽管他们在你们身边，却并不属于你们。

你们可以把你们的爱给予他们，却不能给予思想，

因为他们有自己的思想。

你们可以建造房舍荫蔽他们的身体，但不是他们的心灵，

因为他们的心灵栖息于明日之屋，即使在梦中，你们也无缘造访。

你们可努力仿效他们，却不可企图让他们像你，

因为生命不会倒行，也不会滞留于往昔。

你们是弓，你们的孩子是被射出的生命的箭矢。

那射者瞄准无限之旅上的目标，用力将你弯曲，以使他的箭迅捷远飞。

让你欣然在射者的手中弯曲吧！

因为他既爱飞驰的箭，也爱稳健的弓。[①]

每个孩子都是独一无二的生命个体，拥有独立的思想、人格与尊严。明智的父母需摒弃"支配、指挥、包办"的观念，放下权威的架子，在日常相处中尊重孩子的意愿，以平等身份交流对话，做孩子的知心伙伴。唯有如此，才能为孩子创造自由成长的空间，让教育摆脱生硬的说教，成为温暖而有效的心灵滋养。这不仅是对孩子独立人格的守护，更是让亲子关系从"教导与服从"升华为"理解与共鸣"的关键，最终让教育在平等的土壤中结出更丰硕的果实。

[①] 纪伯伦. 纪伯伦诗文精选[M]. 伊宏, 译. 北京: 北京理工大学出版社, 2016: 9.